ルポ トランプ王国
――もう一つのアメリカを行く

金成隆一
Ryuichi Kanari

岩波新書
1644

はじめに

移民や女性、身体障害者、イスラム教徒らへの侮蔑的な言動を繰り返してきた実業家ドナルド・トランプ(70)が、世界中の大方の予測を覆して、アメリカの第45代大統領に選ばれた。選挙期間を通じて、日本の多くの人々は「なぜトランプがこんなに強いのか？」と首をかしげていたことだろう。

それはニューヨーク駐在記者の私も同じだった。2015〜2016年のアメリカ大統領選の取材は、わからないことの連続。正直な感想だ。

これらの問いへの答えは、ニューヨークなど大都市で取材してもまったく見えなかった。例えば、ニューヨーク・ブロンクスのバーで開かれた、候補者討論会の観戦パーティー。当時人気トップだったトランプについて、支持する人と支持しない人の双方を取材しようとしたが、支持者はついに1人も見つけられなかった。トランプを毛嫌いしたり、笑いものにしたりする人ばかり。トランプが発言するたびにバーに失笑が漏れていた。首都ワシントンの同僚も、トランプ支持者を取材しようにも近場ではなかなか見つけられない、と苦労していた。

選挙が終わった今となれば、これも納得だ。本選でのトランプの得票率は、ニューヨーク・

マンハッタンで10%、同ブロンクスで9・6%、同ブルックリンで17・9%。首都ワシントンでは4・1%。西海岸の大都市も同じようなものだ。サンフランシスコ郡で9・4%、ロサンゼルス郡で23・4%。結果論だが、こんなに少なければ見つけるのに苦労したのも当然だろう。都市部はトランプを拒絶したのだ。

しかし、全米地図を広げれば、共和党の候補者を1人に絞り込む予備選でトランプが圧倒的な勝利を収めた街「トランプ王国」がいくつもあった。多くは地方だ。「ここに行けば、答えが見えるのかもしれない」。私は、今回の大統領選の最大の疑問の答えを求めて、2015年12月から、そうした街々に通い始めた。山あいのバー、ダイナー(食堂)、床屋、時には自宅に上がり込んで、トランプの支持者の思いに耳を傾けた。

オバマの「チェンジ」に期待した元民主党支持者、失業中の人、薬物の蔓延に怯える人、複数の仕事をかけもちする人、まじめに働いても暮らしが一向に楽にならないことに不安を覚える人。多くは、明日の暮らしや子どもの将来を心配する、勤勉なアメリカ人だった。そこには普段の取材では見えない、見ていない、もう一つのアメリカ、「トランプ王国」が広がっていたのだ。

1年に及んだ取材メモを整理すると、「トランプ王国」以外の土地も含め、計14州で取材していた。私たち日本人が接することの多い、ニューヨークや首都ワシントン、ロサンゼルス、サンフランシスコなどの大都市とは異なる、格好良くもないアメリカの記録。本書では、日本人記者が見た、「もう一つのアメリカ」を報告したい。

本書の構成の説明に入る前に、2枚の全米地図を見比べてみよう。

2016年大統領選と前回2012年の選挙結果を示した2枚だ。前回の共和党候補(ミット・ロムニー)が負けて、今回トランプが勝った州は6つある。具体的には、オハイオ、ペンシルベニア、ウィスコンシン、ミシガン、アイオワ、フロリダの6州だ。

この6州のうち、5州には共通点がある。

フロリダ以外の5州は、五大湖周辺の通称「ラストベルト(Rust Belt, さびついた工業地帯)」と呼ばれるエリアに、全体もしくは部分的に含まれるのだ。従来型の製鉄業や製造業が栄え、高卒のブルーカラー労働者たちがまっとうな給料を稼ぎ、分厚いミドルクラス(中流階級)を形成していたエリアだ。重厚長大産業の集積地で、「オールド・エコノミー」の現場とも言える。ラスト(rust)とは金属さびの意味。

ラストベルトの労働者たちは、一般的に労働組合に属し、民主党を支持する傾向が強かった。彼らに「そもそもなぜ民主党支持だったのか?」と質問しても、「そんなこと考えたこともな

2016 年大統領選の結果

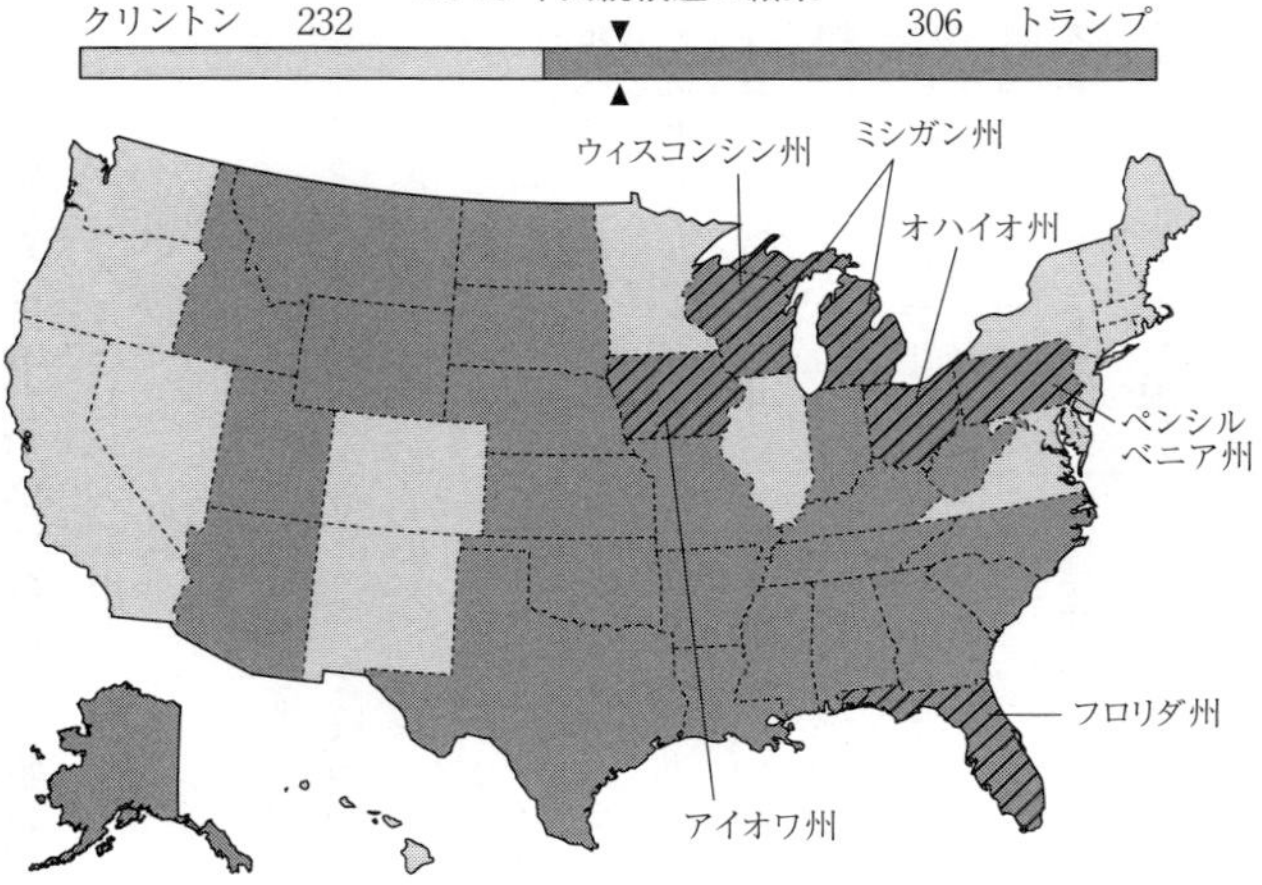

2012 年大統領選の結果

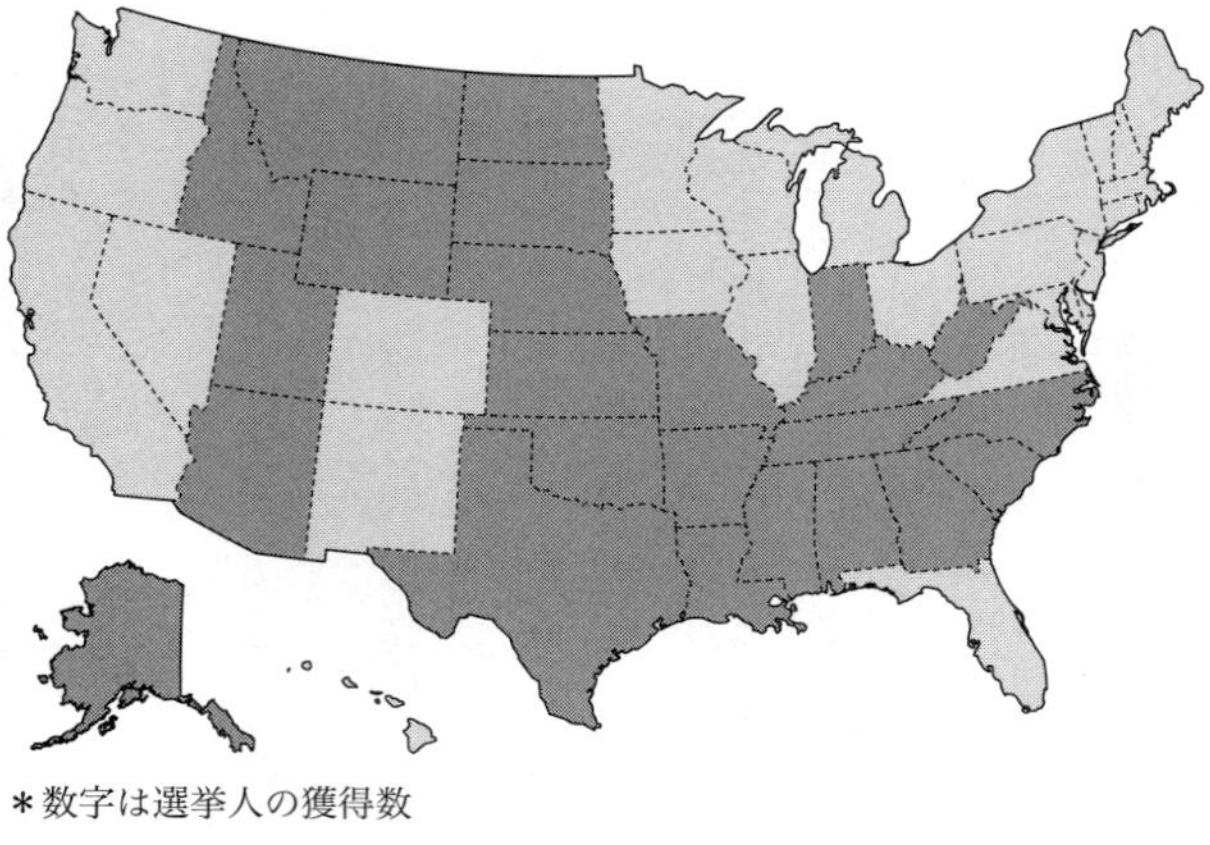

＊数字は選挙人の獲得数

い」「この街で生まれ育てば、みんな民主党支持だった」などと答える。

一帯は、民主党カラーが青のため「ブルー・ステーツ（青い州）」と呼ばれることが多かった。トランプは、これらの青い州を、共和党カラーの赤色に染め上げた。トランプは、専門家の予測を覆し、ラストベルト諸州で連勝したことで第45代大統領の座をつかんだ。

ここが２０１６年アメリカ大統領選の震源地（地図の斜線部分）だ。

この「ラストベルト」（オハイオ州周辺）での取材を、私は投票日の1年ほど前、２０１５年12月に始めていた。第1章ではラストベルトの街々で起きた「異変」を地元の共和党委員長の視点から描いた上で、この異変を起こした労働者の思いや暮らしぶりも伝える。第2章ではラストベルトを象徴する街、ヤングスタウンの人々の声を紹介する。第3章ではラストベルトの若者（気持ちが若い人も）に焦点を当て、第4章では「ミドルクラスから没落する」との不安を抱くラストベルト内外の人々を描く。第5章では、貧困の代名詞のように言われてきたアパラチア地方の山あいの街を訪ねる。最近は共和党が強く、接戦にもならないためメディアの注目を集めなかったが、トランプが圧勝した土地だ。

第6章では、もう一つの旋風を巻き起こした、自称「民主社会主義者」バーニー・サンダース上院議員（74）の運動と、その支持者を紹介する。今回の大統領選のキーワードである「反エスタブリッシュメント(既得権層)」の風潮を伝えるには、共和党だけでなく、民主党の側で起きた旋風の紹介にも意味があると思う。

第7章では、現場取材を踏まえた考察を行った。社会部で教育や労働をテーマに取材してきた私にとって、ラストベルトの人々の悩みは、日本の人々の悩みと陸続きに見えた。グローバル化する世界での、先進国のミドルクラスという意味で共通点がある。トランプ大統領を誕生させた支持者たちは、決して私たちに理解できない他人ではない。

この1年間の取材記録の報告を始めたい。

＊敬称略。登場人物の年齢や肩書は原則取材時のままとした。写真はいずれも筆者が撮影した(提供朝日新聞社)。
＊登場人物にはプライバシー保護のために苗字を抜き、名前だけで表記した場合もある。
＊本書で「白人」という場合、「ヒスパニックとラテン系を除く白人」のデータを使用した。
＊原則1ドル＝115円で換算。丸めたところもある。

目次

記者が歩いた「トランプ王国」

2015 年 11 月〜2016 年 11 月

人＝人口(人)　失＝失業率(%)　$＝家計所得の中央値($)
貧＝貧困率(%)　白＝白人比率(%，ヒスパニックとラテン系を除く)
大＝ 25 歳以上に占める大卒以上の割合(%)
予備選＝共和党予備選・党員集会結果(%)　本　選＝本選結果(%)

＊予備選の結果は 1 位と 2 位のみ．得票率は政治ニュースサイト「ポリティコ」より．

＊下線部は，市町村単位のデータがなく，その市町村を含む郡の数値を使用したものを示す．

全米(2016 年大統領選)

人321,418,820　失4.9　$53,889　貧13.5　白61.6　大29.8

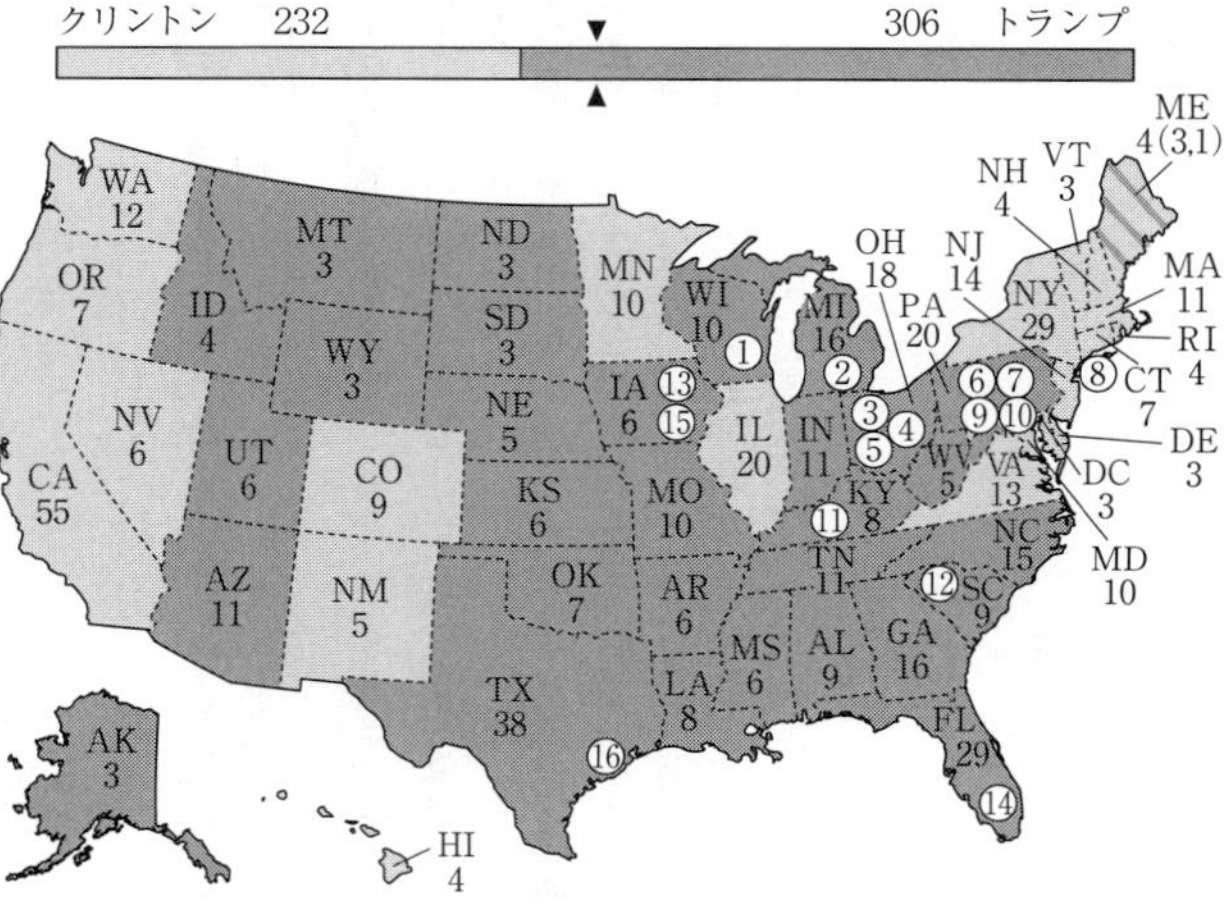

①ワウサウ(ウィスコンシン州)

②ノバイ(ミシガン州)

③ウォーレン(オハイオ州トランブル郡)

人40,245　失6.0　$29,376　貧35.0　白66.6　大11.8

予備選　トランプ 52.6／ケーシック 34.1

本　選　トランプ 51.2／クリントン 44.8

④ジラード(オハイオ州トランブル郡)

人9,599　失6.0　$38,771　貧18.5　白91.8　大19.2

予備選　トランプ 52.6／ケーシック 34.1

本　選　トランプ 51.2／クリントン 44.8

⑤ヤングスタウン(オハイオ州マホニング郡)

人64,628　失5.8　$24,133　貧38.3　白43.2　大11.7

予備選　トランプ 50.6／ケーシック 37.4

本　選　クリントン 49.8／トランプ 46.8

⑥グリーンビル(ペンシルベニア州)

⑦モネッセン(ペンシルベニア州ウェストモアランド郡)

人7,483　失5.6　$35,447　貧17.8　白79.6　大16.3

予備選　トランプ 62.1／クルーズ 20.2

本　選　トランプ 64.1／クリントン 32.7

⑧サウサンプトン(ニューヨーク州サフォーク郡)

人58,254　失4.2　$79,799　貧8.1　白72.5　大37.5

予備選　トランプ 72.5／ケーシック 18.5

本　選　トランプ 52.5／クリントン 44.3

⑨シャロン(ペンシルベニア州マーサー郡)

人13,562　失6.0　$30,720　貧24.5　白79.6　大19.0

予備選　トランプ 55.4／ケーシック 22.2

本　選　トランプ 60.6／クリントン 35.6

⑩コネルズビル(ペンシルベニア州ファイエット郡)

人7,515　失7.5　$29,560　貧27.3　白92.7　大12.7

予備選　トランプ 69.7／クルーズ 18.1

本　選　トランプ 64.4／クリントン 33.4

⑪アイネズ(ケンタッキー州マーティン郡)

人約 700　失8.0　$25,795　貧40.6　白88.3　大6.5

予備選　トランプ 60.1／クルーズ 20.5

本　選　トランプ 88.6／クリントン 9.2

⑫ポーリーズアイランド(サウスカロライナ州)

⑬シダーラピッズ(アイオワ州)

⑭ボカラトン(フロリダ州パームビーチ郡)

人93,235　失5.1　$70,638　貧10.0　白79.1　大52.3

予備選　トランプ 52.1／ルビオ 24.3

本　選　クリントン 56.5／トランプ 41.2

⑮ウォータールー(アイオワ州)

⑯ボーモント(テキサス州)

プロローグ——本命はトランプ

「アメリカを救おう，トランプに投票しよう」と書かれた元民主党員が作った看板(オハイオ州)

トランプ番記者の予言

初めてトランプの集会を現地取材したのは、2015年11月14日のテキサス州ボーモント(Beaumont)だった。翌年11月の投開票日まで、ちょうど1年という時期だった。

せっかく朝5時の便でニューヨークから飛び立ったのに、機材トラブルに見舞われ、大幅に遅れて到着した。予定では、トランプの演説が始まった頃だった。急がないと、ここまでやって来た意味がなくなる。

私は飛行機から走って飛び出した。すると同じような乗客が、もう1人いた。アメリカの大手メディアのトランプ番記者だった。大手メディアは各候補者の動向を大統領選の1年以上前から追いかけている。その1人が同じ便に乗っていた。お互いにリュック1つで身軽な格好。なんとなく同業者というのがわかる。向こうから声を掛けてくれた。

「見ない顔だな、トランプ集会に行くのか?」

「はい、初のトランプ集会です。タクシーを捕まえて会場に行きます」

「こんな田舎の空港でタクシーが待機しているわけないだろ、呼んだって、なかなか来ないぞ」

こんな会話を空港の出口をめざして走りながらかわした。

「実はまだアメリカの運転免許証もなく、レンタカーできないんです」

「じゃあ、乗せてやる、ついてこい！」

言葉遣いは少々荒いが、親切な記者だった。


ハンドルを握ったら、運転はもっと荒かった。テキサス州の農道。どんなに飛ばしてもぶつかるものはほとんどない。それでもちょっと怖い。

上空をヘリコプターが横切った。「トランプ(関係者)のヘリだ。集会の開始も遅れているぞ、飛ばせば間に合う！」

候補者の日々の動向を追いかける番記者ともなると、ヘリの見分けもつくらしい。明らかにテンションが上がっており、さらにアクセルを踏み込む。

ハンドルを握る番記者が聞いてくる。「なんで日本の記者がトランプの集会に来るんだ？」

「やけにアメリカで人気があるので、今のうちに見ておこうと思って」

トランプは当初、17人が乱立した共和党予備選の中で支持率トップだった。2015年7月に首位に躍り出て以降、そのポジションをほぼ維持していた。

「で、トランプ、正直どう思う?」。番記者が聞いてくるので、正直に答えた。

「発言がめちゃくちゃで、見ている分にはおもしろい。でもアメリカの識者やメディアが指摘するように、年内には人気が陰って選挙戦から脱落すると思う」

そんなホンネを言ったら、番記者に笑われた。

「キミはホントに何もわかっていないなあ」

ここから助言が始まった。これがすべて当たっていたのだから、今となっては感謝するばかりだ。


「トランプが遊説する場所を地図に落としてみたことあるか? ないだろ?」

確かにない。図星だ。

「遊説先は、ほとんど田舎だ。仮に都会の近くでも、集会場所は郊外。彼は地方をしっかり回っている。自分の訴えが、どこの人々に響くのかを理解している証拠だ。大都会、特に首都ワシントンや、キミが住んでいるニューヨークへの反発心が強い街だ」

番記者はアクセルを踏み込みながら続けた。

「ここでハッキリ言おう。トランプが共和党の候補になる。来年の党大会前には決まるだろう。なんでそう言えるかわかるか? 集会の規模が違う、支持者の熱気も違う。他の候補者の集会とは比較にならない。キミはどの候補が有力だと思う?」

私は、キューバ系の若手候補、上院議員のマルコ・ルビオ(44)の名前を挙げた。マイノリティーが増えて、一層の多様化が進むアメリカ社会において、貧しいキューバ移民の息子が大統領選をめざすという「アメリカン・ドリーム」を絵にかいたようなルビオの物語は、社会に歓迎されるだろう。そう理由を説明した。

すると番記者は「ルビオも悪くない候補者だ。他にも有力な候補者はいるが、彼らの集会はトランプとは比較にならないほど規模が小さい。トランプの集会には、これまで選挙なんかに興味を持っていなかった人々も大勢きている。今日の集会で、キミはびっくりするぞ」

この日の会場「フォード・パーク・アリーナ」にやっと到着した。広大な駐車場だが、支持者の車でほとんど埋まっている。番記者は車を駐車場の端に止めた。

「早く出ろ、カギを閉めるぞ、じゃあな、またどこかで会おう」

番記者は、そう言うと会場に向かって走り出した。私も必死に追いかけた。

トランプらしさ全開

入口では、厳重な警備が実施されていた。一眼レフのカメラも、本物のカメラか否かを確認するために「床に向かってシャッターを切れ」と指示された。カメラを装った銃を警戒しているのだという。

荷物チェックを終えて、会場に入ると、トランプの演説は中盤に差し掛かっていた。広い会場とあって満席ではないものの、すごい熱気だった。一般席に座り、写真を撮った。まず、中央の演台にいるトランプを撮影し、次に酔いしれる支持者にもカメラを向けた。

ほとんど白人だった。

人口統計によると、ボーモントでは、白人（約35％）より黒人（約47％）の方が多い。だが見渡す限り、会場に黒人やヒスパニックなどのマイノリティーの姿はほとんど見当たらなかった。

トランプの演説は、テレビで見るよりも迫力があった。会場の雰囲気がそう思わせるのだろう。

「私が子どもの頃、アメリカは負けたことなんてなかったぞ。今は戦争でも何でも勝てやしない、負けてばかりだ。（過激派組織）「イスラム国（ＩＳ）」を倒すこともできないじゃないか。私なら勝ちますよ。信じてください。時間もかけませんよ、なぜならすぐに戻ってきて、この国を再建しないといけないからですよ」

世界が対処に苦悩している過激派の問題を、時間もかけずに解決すると言い切っていた。「信じてください」を当時から多用していたが、普通に考えれば、信じられるわけがない。

それでも、身振りが大きく、ラフな言葉遣いの演説に支持者は聞き入り、笑い、歓喜に沸く。使っている英語も簡単だ。なるほど「小学生レベルの英語」と言われている通りだ。

「私はとてもいい人です。私のことを嫌いな人まで、私を支持するんです。私が本当に有能だからです。私は賢くて、信じられないほどステキな企業を育ててきました」

テキサス州ボーモントでのトランプ集会は，大半の支持者が白人だった

「テレビを見ていると、私は世論調査で首位だというのに、「いったいいつになったらトランプはレースを降りるんでしょうかね」なんて言っているヤツがいる。まったく。私は絶対に離脱なんてしませんよ。皆さん！　私たちは勝つんです！」

トランプらしさは全開だった。

自分のことを「天才」「本当に頭がいい」「いい人」と真顔で繰り返すが、多くの人は「またトランプが言っている」と軽く受け流し、不思議なぐらいにイヤミになっていない。これは彼の最大の武器の1つだ。政治家としては、イヤミにならないことは強い。

支持者のプラカード.「サイレント・マジョリティー(声なき多数派)はトランプを支持する」

そして自分のことを批判する著名人を徹底的にけなす。この日のターゲットは、保守派に影響力があるコラムニスト、ジョージ・ウィル(George F. Will)。彼がこれまで披露してきた選挙予測はことごとく外れているじゃないかと訴え、「評論家なんてまったく価値がない」と切り捨てる。ワシントン・ポスト紙で40年前からコラムを書き続け、ピューリッツァー賞を受けた言論界の大物への批判に支持者は大喜び。

話題はころころ変わる。パリのテロ事件、シリア移民への警戒感、凶悪犯罪、世論調査の結果の自慢、本当の失業率は25%との主張、オバマ批判。

もちろん看板政策、メキシコ国境沿いの壁の建設には力が入る。

「壁を造りますよ、とても大きく、美しい壁になります。いずれ皆さん、「ザ・トランプ・ウォール(トランプの壁)」と呼ぶようになるのではないでしょうか。移民たちは合法的に来るようになります。それが私たちの望んでいることです。いま国内に不法に滞在している人たちは

（国外に）出て行かねばなりません」

そのたびに支持者は立ち上がって声援を送る。掲げるプラカードに、こう書かれていた。

「サイレント・マジョリティー（声なき多数派）はトランプを支持する」

サイレント・マジョリティーが吐き出す不満

トランプの集会後、会場の外で支持者に話を聞くと、堰を切ったように不満を吐き出した。多くが、日々の暮らしに根差す不満だった。自らの体験に基づいているので真剣そのものだ。

元教師のマリリン・マックウィリアムス（59）がまず口にしたのは、「壁」への熱い支持だった。

「トランプは壁を建設してくれる。彼の主張がストレートなのが好き。（保守系）フォックスニュースでいつもトランプを見ているけど、見れば見るほど、彼のことが好きになるわ。こんなに大きな国の中で、彼がこの街に来てくれたことがうれしい。テキサスは不法移民問題が深刻なので選んでくれたと思う」

「街でスペイン語が当たり前になっていることが不気味。ここはアメリカなのよ」と憤りも口にした。食料品店に並ぶ商品のスペイン語表示が増えているだけでなく、時にスペイン語の表示の方が英語より大きいことが気に入らない。

マリリン・クランプ(56)も取材に語った。

「彼はポリティカル・コレクトネス(政治的な正しさ)で批判されることを恐れていない。とても強い。経営者として常に判断を迫られてきた。そんな経験が豊富な指導者がこの国には必要なのよ」と語った。ここまではトランプへの前向きな評価と言える。

ところが、ここからは社会への不満一色になった。

「国境を守らないと国が崩壊するわよ。不法移民の流入を食い止めるべきよ。私たちは彼らにあまりにも多くの自由とお金を与えすぎた。福祉に依存するようになり、その重みでアメリカが沈みそうよ。税金を払う人がどんどん減ってきて、自宅のソファで日中からテレビを見る人が増えたら、オシマイでしょ。彼らのフードスタンプ(政府が生活困窮者に発行する食料配給券)を支えているのは、私たち働いているアメリカ人。彼らは一時的な困窮から脱する方法としてではなくて、福祉に依存することをライフスタイルにしていて、生涯それで暮らしていくつもり。それは許されない」

母マリリンの発言を聞いて、娘リディア・ブラウン(23)も思いを話してくれた。

「最近、スペイン語ばかり聞くのよ、私の街ビダー(Vidor)は小さな街だけど、どこへ行ってもスペイン語だらけ。本当にこの5年ぐらいで様変わりしてしまって「いまどこの国にいるの、本当にこれがアメリカなの?」と思う」

「この前、シャンプーを買ったら、ボトルの説明がスペイン語だった。その次に英語が書かれている。私は思わず「ちょっと待ってよ」って言ったわ」

先ほどの元教師マックウィリアムスの憤りとそっくりだ。私はリディアに「でも彼らも英語を学んでいるのではありませんか?」と聞いた。

リディアは「全然違うの。私たちが彼らに英語で話しかけると、露骨に不機嫌になるのよ。時には怒り出す人までいる。彼らの権利意識があまりに高いことに唖然とするのよ」と答えた。

マリリンは「彼らは最近、権利を求めて街をパレードするようにまでなった。首都ワシントンでも権利拡大のパレードをやっている。いい加減にして欲しいのよ。普通の政治家に任せていては、国は破綻する。問題をありのままに、恐れることなく指摘するトランプが大統領になれば、国を建て直してくれるわ」

取材が盛り上がったので、それに気づいて、いろんな人が近寄ってきてくれる。

元国境警備隊員のウェイド(55)も自分の主張を聞いて欲しいという。隣のルイジアナ州ニューオーリンズから片道4時間かけてトランプの集会に来ていた。

「私は自分の目で見てきた。国境は抜け穴ばかり。これまでの政治家は見て見ぬふり。トランプがやっと一大争点にしてくれた。そんな抜け穴から不法移民が入国し、アメリカに住みつく。アメリカは、不法移民対策に膨大な国費を投入してきた。その資金があれば、私たちの暮らしははるかに楽になるはずだ」と興奮気味に語った。

電気技師の見習い、ベンジャミン・スミス(35)=テキサス州ランバートン(Lumberton)在住=は、多くのトランプ支持者と同じことを強調した。

「今の政治家は、みんなうさんくさい。代表がヒラリー・クリントンだ。(国務長官時代に公務で私用メールアドレスを使った問題では)すべてのメールを捜査当局に提出したと言いながら、その後にまた別のメールが見つかった。信用できない。でもトランプは全部ホンネだ。彼が言うことは、彼が本当に考えていることだ。時に言い過ぎるけど、それも含めて憎めない」

この街で、最も支持されていたのは、トランプの「壁」だ。ベンジャミンも「普通の政治家はあんなこと言わないけど、このあたりじゃ多くの人が考えていることだよ。壁ができて、不法滞在のメキシコ人を追い出せば、私たちに仕事が戻ってくる。仕事を取り戻せる」

言い回しまで、トランプに似ている。

「キミは知らないと思うけど、ここはホントに不法移民が多い。そして私たちの社会保障制度を利用し、政府から吸血鬼のように金を吸い上げる」

演説会場からどんどん支持者が出てくる。その様子を見てベンジャミンが言う。

「みんなトランプが大好きだ。中には不法移民に家族を殺害された人までいる。不法にアメリカに滞在している人が、社会に負担をかけるのは間違っている。テキサスの人々は、この国の政治家がおかしなことばかりすれば、本気でアメリカからの離脱を主張するからね。トランプが大統領にならなければ、テキサスを独立国にする動きを活発化させたいね」

「王国」を追う

トランプ支持者へのインタビューは、なかなか疲れる。5人の話を聞き終わると、座り込みたくなる。それは、政治への期待や希望ではなく、不満を多く聞く取材になるからだろう。支持者に共通するのは、トランプの主張の実現可能性や、政策の細かい点などは気にせず、大づかみのメッセージに共鳴していることだ。

事実誤認や誇張も多い。

「不法移民4600万人」などと間違った数字を挙げる人もいた。実際は1100～1200万人だ。不法滞在の移民は、消費税はもちろん、半分ほどは所得税も払っていると言われている。社会保障庁（ＳＳＡ）の保険計理人は「給付金を受け取ることも期待できないのに、不法滞在の移民は保険料を払っており、その支払額は推定で年間１５０億ドル（約１兆７３００億円）になる。彼ら推定３１０万人の支払いがなければ、社会保障システムは慢性的な予算不足になる」とＣＮＮの取材に語っている（２０１４年11月）。

しかし支持者の語る不満には、それぞれの具体的な体験に根差したものも多い。長年ため込んできた不満といってもいいだろう。それをトランプというアウトサイダーの大統領候補が大声で主張してくれている、というわけだ。

このテキサス取材を機に、私はトランプ支持者の取材に本腰を入れることにした。本選挙のちょうど1年前になる。トランプが負けるにせよ勝つにせよ、注目に値する社会現象であることは間違いないと思ったからだ。

ただ、テキサス州に通うことはできそうにない。私が暮らすニューヨークから遠すぎる。そのため主な取材対象は、かつての製鉄業や製造業が廃れ、失業率が高く、若者の人口流出も激しい五大湖周辺の「ラストベルト（さびついた工業地帯）」と呼ばれるエリアを選んだ。

理由は3つあった。

①「ラストベルト」は、ニューヨークから比較的近い。ペンシルベニア州ならすぐ西にある

し、オハイオ州でも片道7時間ほどのドライブで着く。少しでも深く取材するには、地の利が良くなければならない。

②トランプは、立候補の時点から、製造業の海外流出などを理由に自由貿易協定(FTA)の批判に力を入れていた。「ラストベルト」の票を本気で狙っていることは明白だった。

③オハイオ州は、近年の大統領選で常にカギを握ってきた。オハイオを制する者が全米を制する。オハイオで負けても大統領になれたのは、1960年のケネディが最後だ。もちろん2000年と04年は共和党候補ブッシュが、08年と12年は民主党候補オバマが勝っている。つまり、どちらの党の候補にも勝てる可能性が残っていることを意味している。「スイング・ステート(揺れる州)」と呼ばれ、終盤になると両党の候補が遊説に力を入れる。カギを握る州をじっくり取材したかった。

通うからこそ見えてくるものがあるはずだ。

そう期待して、特にオハイオ州やペンシルベニア州を歩いた。さらにそこから、時間に余裕があれば、アパラチア山脈の街々や、他のエリアにも取材を広げた。

最初に今回の大統領選の象徴的な街をご案内したい。過去40年間、ずっと民主党候補が大勝してきたのに、共和党候補のトランプがひっくり返した地域だ。

そこでは「前代未聞」の出来事が起きていた。

ラストベルトの風景(オハイオ州トランブル郡)

第1章
「前代未聞」が起きた労働者の街

暴言を繰り返してきた共和党候補ドナルド・トランプが大方の予想を覆し、第45代大統領の座をつかんだ。

どうしてこんなことが起きたのか?

勝因は、五大湖周辺のラストベルト(さびついた工業地帯)での連勝だ。かつて栄えた従来型の製鉄業や製造業が廃れ、今もブルーカラー労働者の多いエリア。

その1つ、オハイオ州のトランブル郡では、これまで民主党候補が大差で勝つことが多かったが、今回はトランプが過去40年で初めて選挙戦をひっくり返した。私はトランブル郡に2016年3月から通い、「異変」を取材していた。第1章では、「前代未聞」と驚く地元の共和党幹部、この逆転劇を支えたトランプ支持の労働者たちの思いを伝える。

ラストベルトの共和党委員長の証言・予備選直後

オハイオ州の東部、ペンシルベニア州に接するトランブル郡は、トランプ勝利を象徴するラストベルトの地域だ。トランブル郡の共和党委員長、ランディ・ロー(55)に初めて会ったのは、2016年3月25日の昼過ぎ。トランブル郡にあるジラード(Girard)という街の喫茶店だった。

オハイオ州では、その10日前に共和党予備選が終わっていた。共和党の正式候補を決めるレース。同州からは現職知事ジョン・ケーシック(64)が立候補しており、州全体では州知事が首位で、トランプは2位だった。

　この意味では「トランプ王国」ではなかった。ただ、選挙結果を郡別に分析すると、興味深いことに気付く。

　おおざっぱに言うと、州の右(東)半分ではトランプが首位だったのだ。例えば、トランブル郡では、トランプが52・6％の票を獲得し、現職知事ケーシック(34・1％)を引き離した。トランプがケーシックを20ポイント以上の差で引き離したのは、約27ポイント差のモンローなど4つの郡で、いずれも州東部に位置していた。

　さらに、これらトランプが強さを見せた州東部は、失業率の高いエリアとも、アパラチア山脈とも重なっていた。

「アパラチア」は、特に選挙期間中、時代の変化についていけない、生活水準の相対的に低いエリアとして描かれることが多かった。現状への不満・不安が強く、「反エスタブリッシュメント(既得権層)」の風潮が強い、とも。オハイオ州東部は「ラストベルト」と「アパラチア」という、今回の大統領選でキーワードになる2つが重なる地域だ。

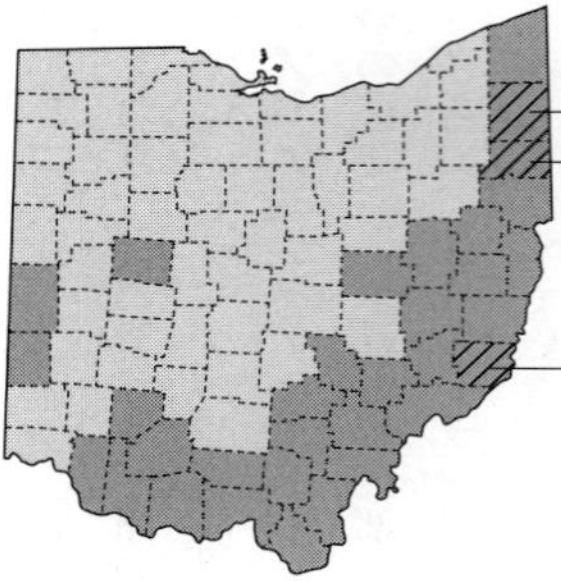

代議員		投票数(%)
ジョン・ケーシック	66	956,762(46.8)
ドナルド・トランプ	0	727,585(35.6)
テッド・クルーズ	0	267,592(13.1)
マルコ・ルビオ	0	59,418(2.9)
その他		31,686(1.6)

オハイオ州での共和党予備選の結果

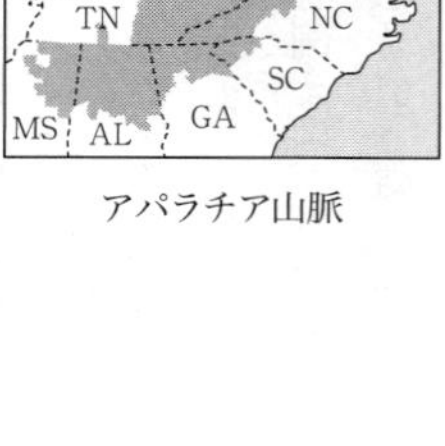

アパラチア山脈

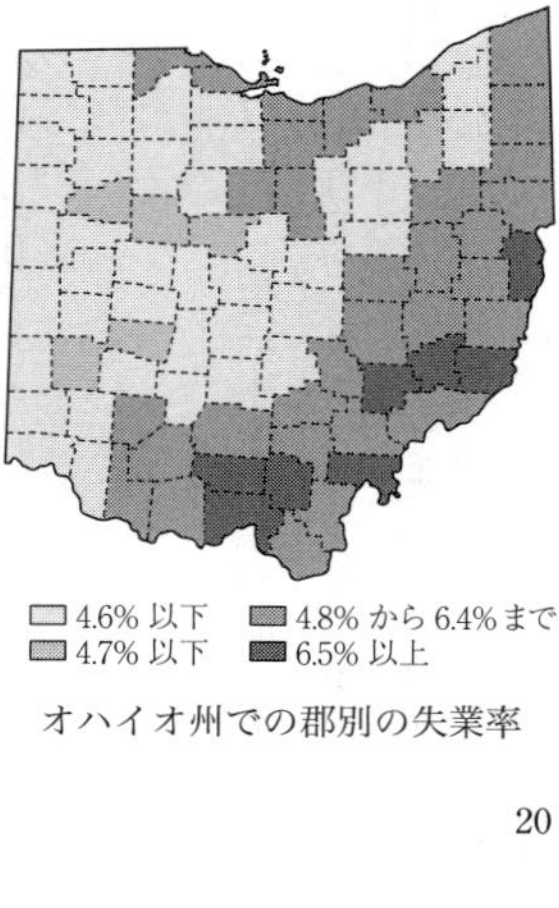

オハイオ州での郡別の失業率

共和党委員長。紺のスーツに蝶ネクタイ。そんな勝手なイメージを持っていたが、実際はジーンズをはいた気さくな男性だった。

面倒見も良い。日本メディアの記者になど、いくら時間をかけて取材に協力しても、共和党の得票に結びつくわけでもない。せいぜい時間を割いてもらえて20分と思っていたら、「いつでも相談に乗るので、携帯に電話してきていいよ」と言ってくれる。

オハイオ州トランブル郡の共和党委員長
ランディ・ロー

この時点では、共和党候補は決まっていなかった。ランディの立場は、地元の党の代表者として、候補者を公平に扱うことになる。トランプも大勢の候補者の1人という位置づけだ。

ランディは、まずは郡の特徴を次のように解説した。

この郡はかつて製鉄所の集まっていた地域。自動車関連の工場も多かった。ブルーカラー労働者、ミドルクラス(中流階級)が多く、労働組合の活動も盛んだった。しかし、主要産業は衰退し、労働者の多くは「引退」した。年齢もあるが、雇用そのものがなくなったことが大きく響いた。

深刻な「頭脳流出」にも直面している。有望な若者が街を出ていく。彼らは(州内の大きな街にある)大学に進学し、二度とこの街には戻ってこない。みんなそれを知っている。若者の流出が始まってはや2世代になる。私が高校を卒業したのは、1979年。そのころから始まっていた。

私が子どもの頃、ここは何もない人でも、良い給料の仕事を見つけることができる街だった。スキル不要、学歴不要。きちんと働きさえすれば、一人前に稼ぎ、家族を養い、マイホームと自家用車を購入できた。つまり、アメリカン・ドリームを実現できた。だが、その後にこの一帯では、主要産業の衰退、廃業、海外移転、合併など、起きて欲しくないことは何でも起きた。それ(アメリカン・ドリーム)を実現する機会はもうない。若者にはきつい。正直に言えば、私も若ければ、この街を出ている。

ランディは、次に街の「異変」を語り始めた。

最近、労働組合員で、これまで一度も共和党を支持したことのない典型的な民主党支持の労働者たちが私の元にやってきて、トランプについて「彼のような大統領候補を待っていた」と打ち明ける。

ここは資金も票も、その多くが民主党に流れる街だった。民主党カラーが青色なので、「ブルー・カウンティ(青い郡)」だった。それが、今になって共和党の支持者が2倍に増えた。1万4400人だった共和党としての登録者(一般有権者)が、3月15日の予備選後には約2万9000人になっていた。

前代未聞の増え方だ。

もちろん、すべてがトランプ効果とは断定はできない。でも私の体験から、彼の貢献が大きかったことは確かだ。掛かってくる電話の内容、党事務所への訪問者の発言でわかる。私の携帯は予備選前、鳴り止まなかった。みんな「トランプを応援したい」「どうしたら応援できるのか」「何か手伝えないか」と聞いてくる。普通の年は予備選が3月に終わると、本選の11月まで半年以上もあるのでいったん静かになる。ところが今も電話が掛かってくる。さっきも掛かってきた。私が受けた電話のゆうに9割以上はトランプ支持者からだった。

トランプ応援用のヤードサイン(庭先に刺す宣伝用ポスター)1700本が、3週間でなくなった。発注が間に合っていれば、あと700本は簡単にさばけていた。

陣営の想像を超えた集客力

ランディによると、トランプ人気は、実は陣営の想定をも超えていた。証言を続ける。

予備選の前にトランプはこの近くの空港で集会を開いた。集会のことは前日の午後4時まで発表されなかった。しかも平日というのに、なんと5000人が集まった。会場に入れなかった人が、別に1000人いた。この街では考えられない規模だ。アメージングと言うしかない。

実は、陣営からは「2000人ぐらい」の規模になると事前に聞かされていた。陣営の期待以上の、少なくとも3倍の規模で押し掛けたことになる。そもそも普通の共和党候補は、時間が限られる中、この(民主党の強い)エリアでは集会はしない。

トランプを見ていて、私はレーガンを思い出す。当時、私は高校生で、レーガン支持者だったが、今は人気者のレーガンも、当時は多くの有権者に嫌われていた。予備選をたたかっている間は、好きな人と、嫌いな人の両方から大きな反応を生んでいた。それが今のトランプと似ている。

隠れ支持者

ランディの2回目の取材は、2016年7月17日、同州の最大の街クリーブランドで共和党全国大会が始まる前日に行った。この時には、トランプ以外の候補者が全員脱落し、トランプの候補指名がほぼ確実になっていた。

ランディに電話すると、地元で最大のお祭りが開かれていて、そこにブースを出してトランプの宣伝をしているという。党の正式候補が決まれば、あとは応援するのがランディの委員長としての務めだ。会場に顔を出すと、野球場3つ分ぐらいの広大な敷地に移動式の遊園地が来ていて、多くの家族連れでにぎわっていた。

この日ランディが口にしたのは、トランプは11月の本選では3月の予備選以上に伸びるという見通しだった。予備選の結果に驚いていた私に彼は「本選ではもっと驚くことになる」と語った。

トランプの支持者は今も日々増えている。そして予備選以上に、本選ではトランプは得票を伸ばすだろう。理由は、いたって単純。みんながホンネで投票しやすくなるからだ。これにはオハイオ州の投票の仕組みが影響している。

オハイオ州の予備選では、有権者は投票所の受付で、投票用紙を選ぶ必要があった。共和党支持なら共和党用の紙を、民主党支持なら民主党用の紙を受け取り、それぞれに印字されている候補者の中から意中の人を選ぶ。つまり、受け取る段階で、支持政党をはっきりさせないといけない。選挙管理委員会の人や周囲の人が見ているわけだ。

ところが、本選では、投票用紙は共通の1枚になる。共和党候補の名前も、民主党候補の名前も同じ用紙に印字されている。つまり、ずっと民主党支持だった人が、誰にも知られることなく、共和党候補のトランプに投票できるようになる。無党派だった人も同じだ。

私は保証するよ、相当数の民主党支持層と無党派層がトランプに投票することになるだろう。予備選ではトランプ支持ということを他人に知られたくなくて、共和党の用紙を受け取らなかった人々が、今度はホンネで投票できるからだ。労働組合の活動をしてきた人は、今さらトランプに入れるとは言いにくいからね。「クロス・オーバー(寝返り、越境組)」が増えるのは間違いない。

このランディの予言は的中し、トランプはトランブル郡で、かつての共和党候補が達成できなかったことをなしとげる。詳しい結果は後ほど、本章の29ページで説明したい。

にじむ期待感

本選の投開票日まで残り40日を切ったタイミングで、ランディの3回目のインタビューを実施した。

2016年10月2日。日曜日なので取材は難しいかな、と心配したが、ランディは選挙対策本部で働いていた。ランディの顔には「ついに地元で勝てるかもしれない」との期待感が出ていた。委員長という立場から、もちろん発言は慎重だ。

「勝てる？ 勝てない？ みんな同じことを聞いてくるが、私は選挙結果の予測はしませんよ。共和党候補を一生懸命に応援するだけです」

でも、期待感はどうしたって顔に出る。

「大統領選とはいえ、この地域でこんな運動が起きたことはなかった。まるで明日にでも投票があるみたいな熱気。電話が鳴りやまず、新しいボランティア志願者が次々と訪れる。トランプの看板やTシャツは作っても、作っても、すぐになくなってしまう」。忙しいったらありゃしないという口調だが、同時にうれしそうでもあった。それもそうだろう。共和党員は予備選後に2万9000人に倍増したが、その後も増え続けていて、3万2000人を突破していた。

事務所には「トランプ看板」が2メートルほど積み上がっていたが、これも「2日間でなくなる」と、やはり休日出勤の会計担当デビー・ロス。

ランディは3月の時と似たようなことも言った。

「毎日のように新しい仲間に出会う。彼らはGM（ゼネラルモーターズ）や製鉄所で働いていたと言う。彼らの多くは、元々は民主党の支持層だった。いわば民主党支持層からのクロス・

オーバー。労働組合の活動に熱心だった人も多い。こんな支持の集め方は、これまでの共和党候補ではありえない」

ランディはこれらの体験と、党員が増加したというデータに手応えを感じていた。「前代未聞の異変」が起きていることは間違いないという。

そもそもランディには、大統領選では負けた記憶しかない。繰り返しになるが、ブルーカラーの街では、労働組合に支えられた民主党候補が地元の選挙を制してきた。

2008年も12年も民主党のオバマに全体の6割の票を奪われ、共和党候補の得票率は約38%にとどまった。共和党のブッシュが全米では勝った2000年と04年でも、トランブル郡でのブッシュの得票率はやはり38%に届かなかった。

つまり、全米の傾向がどうであれ、トランブル郡で共和党候補は最近「38%の壁」を突破できていない。「私は高校時代からこのエリアで選挙に携わってきたが、大統領選で今年ほどのキャンペーンの盛り上がりを経験したことがない。具体的な数字まで予測するつもりはないが、今回は38%を大きく超えるだろう」と語った。

ランディが期待していることが、もう1つあった。前回2回目の取材でも指摘していた「隠れトランプ・ファン」の存在だ。ランディは「これは底流のことで、なかなかわからない」と前置きした上で、「ときどき、支持者が「私の知り合いが実はトランプを支持している。本人は公には認めないが」と教えてくれる。様々な(問題)発言をしてきたトランプへの支持は公には打ち出しにくい面もある。トランプの支持率は、世論調査では低めに出ていると思う」と話した。

逆転勝利

「オハイオ州でトランプ勝利」

大統領選の本選があった２０１６年11月８日夜。全米メディアが次々と速報を流した。開票の初期段階では民主党候補クリントンの優勢と出ていたが、途中でトランプが逆転。最後には52％超の票を獲得し、クリントン(43・５％)を引き離した。

私はトランブル郡の結果に驚いた。トランプが共和党候補として過去40年で初の勝利を収めただけでなく、得票率は50％を突破し、「38％の壁」を大きく超えていたのだ。ランディの予測の通りだった。

トランブル郡は例外ではない。南側で隣接するマホニング郡でも、クリントンに敗れはしたものの、トランプは共和党候補として前回よりも10ポイント以上伸ばした。マホニング郡には、かつての鉄鋼産業の中心地として著名なヤングスタウン(Youngstown)という街があり、その様子は第2章でお伝えしたい。

ラストベルトのど真ん中を歩いてきた労働者の決断

ここからは、「前代未聞」の逆転劇が起きた現場で、トランプを支持する人々の暮らしぶりや思いについてお伝えする。最初は、ある退職したブルーカラー労働者を紹介したい。彼の最大の関心事は社会保障制度の存続だ。長年の民主党支持者だったが、今回はトランプを応援するために共和党支持に変わった。

ドアをノックすると、ぶっきらぼうな返事が飛んできた。

「ドアは開いているぞ。靴も脱がなくていいぞ」

2016年3月25日、オハイオ州トランブル郡ウォーレン(Warren)。ジョセフ・シュローデン(62)は郊外の一軒家で、おなかを突き出してソファで横になっていた。

居間のテレビからトランプのだみ声が流れる。

「アメリカは負けてばかりだ。最後に勝ったのはいつだ?」

「私が大統領になれば雇用を取り戻し、アメリカは再び勝ち始めるぞ」

彼は握りしめたリモコンで、演説に相槌《あいづち》を打つかのように、おなかをペンペンとたたいている。

ウォーレンは「ラストベルト」と呼ばれるエリアにある。人口4万人。ジョセフも、地元の製鉄所で38年以上働いた元鉄鋼マンだ。愛称はジョー。

この数時間前。私は地元の共和党委員長ランディと喫茶店で面会し、「トランプの支持者を紹介してほしい」と頭を下げていた。すると、ランディは携帯を取り出し、「ジョー？　日本のジャーナリストが会いたいって言っているけど、今日は大丈夫？　あ、そう、じゃあ午後2時ぐらいに行くと思うから」と電話を切った。こうして出会ったのがジョーだ。初対面なのに、それらしいあいさつもない。正面のソファにどうぞと言われ、静かに座った。

ジョーはテレビを見ながら、「ホンネを言う、正直な男だ。プロの政治家じゃない。オレはヤツが気に入ったよ」と笑っている。なんでトランプを支持するのかと尋ねると、ジョーは政治家への不信感を語り始めた。

「スレッジ・ハンマー（大型ハンマー）もジャック・ハンマー

元製鉄所勤務ジョセフ・シュローデン

（削岩機）も握ったことのない、ショベルの裏と表の区別もつかない職業政治家にオレらの何がわかる？　政治家は長生きするかもしれないが、こっちの体はぼろぼろだ」

スレッジ・ハンマーとジャック・ハンマー。私には違いがさっぱりわからない。スマホで意味を調べる私を、ジョーは横目で眺めながら笑っている。ジョーは「溶鉱炉で使う」と説明してくれるが、製鉄所の仕組みを知らない私は溶鉱炉と聞いてもピンとこない。

ジョーはテレビの音を落とし、一から説明してくれた。

「オレは今月で62歳になる。そして社会保障（年金）の受給が始まる。トランプを支持するのは、社会保障を削減しないと言ったからだ。ほかの政治家は削減したがっている。受給年齢を70歳まで引き上げる提案をしている政治家までいる。オレは、そんなことを言う政治家が嫌いだ。あいつらは選挙前だけ握手してキスして、当選後は大口献金者の言いなりで、信用できない」

「溶鉱炉ってのは、とにかくでかくて、熱風がすごい。製鉄所で一番きつくて、最低な仕事だ。溶鉱炉の同僚は9割が黒人だった。きつい仕事だから黒人が多かった」

ラストベルトでの取材を続けていて、後々わかるのだが、溶鉱炉で働くことはこの地域の労働者にとって誇りだったようだ。製鉄所の要であり、体力や腕力がないととても勤まらない。

15歳から製鉄所の食堂で働き始めたジョーは、18歳で年齢制限をクリアすると製鉄所に移り、やがて溶鉱炉に入った。この地域の、ど真ん中を歩んできた労働者だった。

仲間と汗だくになってつくった鉄が、次々と加工され、世界があこがれる「メイド・イン・USA」の自動車や冷蔵庫などになった。この地域の鉄筋は、ニューヨークの摩天楼やブルックリン橋にも使われたという。自分たちの仕事は、世界に君臨するアメリカの屋台骨を支えている。そんな誇りが街の全体にあった。

人間は仕事がなきゃ幸せになれない

ただ、それは昔の話だ。ジョーは「自分の世代はラッキーだった」「5歳下の同僚からは待遇も落ち始めた」と強調する。

ジョーは閉鎖された製鉄所などの名前を5つ、私のノートに書き込んだ。「この5つだけで3万人の雇用が消えた。人間は仕事がなきゃ幸せになれない。日本人も同じだろ、なあ?」

ジョーは長年の労働組合員で、ずっと民主党を支持し、党地区役員も務めた。いわば典型的なラストベルトのブルーカラー労働者だったが、2015年6月にトランプの出馬表明を聞いて、初めて共和党に移った。

「この辺じゃブルーカラーはみんな民主党支持だったが、アメリカは自由貿易で負け続け、製造業はメキシコに出て行ってしまった。ここに残っているのは(量販店の)ウォルマートやKマートで他国の製品を売る仕事ばかりじゃねえか。オレは現役時代、最後の最後まで日給200ドル(2万3000円)はもらっていた。それが今のサービス業はせいぜい時給12ドル(1380円)。それで若者が生活できるわけがない。もう政党なんてどっちでもいい、強いアメリカの再建にはトランプのような実業家が必要だ」

米労働省によると、オハイオ州の製造業の雇用は、1990年の104万人から2016年の69万人に減った。全米でも同時期に1780万人から1230万人に落ちた。減少率はいずれも約3割だ。

多くのブルーカラー労働者が、自由貿易協定(FTA)を徹底的に批判するトランプの登場で共和党に流れている、という話は聞いていた。その点を聞くと、ジョーは言った。

「その通りだ。昔製鉄所で働いていた連中は、みんな共和党に移った。特に引退した世代に多い。今ごろ、この先のスターバックスやダンキンドーナツでコーヒー飲んでいる連中は、みんなそうだ」

居間の壁に子ども3人の笑顔の写真が飾ってある。それを眺めながら、ジョーは「1番目も、2番目もこの街を出ていっちまう」とつぶやく。

高校時代にオールAが自慢だった長女(28)は仕事を求めて州最大の街クリーブランドに出てホテルで働く。2つ目の大学で理学療法を学ぶ長男(24)は「卒業後は州の外に出る」と宣言した。

ジョーが理解に苦しむのは、若者を取り巻く環境だ。「大学を出る時に既に10万ドル(1150万円)の借金があって、満足な仕事も見つからないなんて、どうなってんだ？　オレは高校卒業の前から稼いでいたぞ」

ジョーと私の会話を聞いていた次女(14)が口を挟んだ。「私はパパの近くに残るわ」。ジョーは顔をしわくちゃにして喜んだ。

ミドルクラスの豊かな暮らし

ジョーが思い出したように言った。

「日本人は野球好きだろ？」

私がうなずくと、ジョーは痛むひざをさすりながら立ち上がり、自宅の地下室に案内してくれた。明かりをつけて階段を下りていくと、広い物置になっていた。

野球大会のトロフィーが50個ほど、メダルも60個ほど。ベンチプレス、ルームランナー、テレビゲーム、ジャクジー風呂。モノにあふれた、米国のミドルクラスの豊かな暮らしぶりがそのまま保存されていた。

トロフィーは、ジョーもコーチとして貢献した長男の野球チームが獲得したもの。ジョーは、平日は製鉄所で、週末は野球場で汗を流した。試合の遠征があれば有給休暇を充てた。製鉄所では、勤続15年で4週間、20年超で5週間の休暇をもらえた。労働者は手厚く守られていた。

私はトロフィーの1つをひっくり返してみた。「メイド・イン・チャイナ」。隣も同じだ。野球帽は「メイド・イン・バングラデシュ」。脇のカラオケマシンは日本のサンヨー製だった。

ジョーは自由貿易に批判的だが、地下室には海外製品があふれていた。

ジョーの自宅地下室はモノであふれていた

大統領選を通して指摘されてきたが、自由貿易の打撃は失業などの形で特定の人々に集中し、恩恵は商品の価格低下などで薄く広く行き届く。恩恵の方が見えにくいのかも知れない。

ジョーの自宅を選挙期間中に5回、訪問した。取材というよりも、雑談で終わった時もある。そのたびに感じたのは、その豊かさだ。自宅は大きく、きれいに片づけられ、モノがあふれて

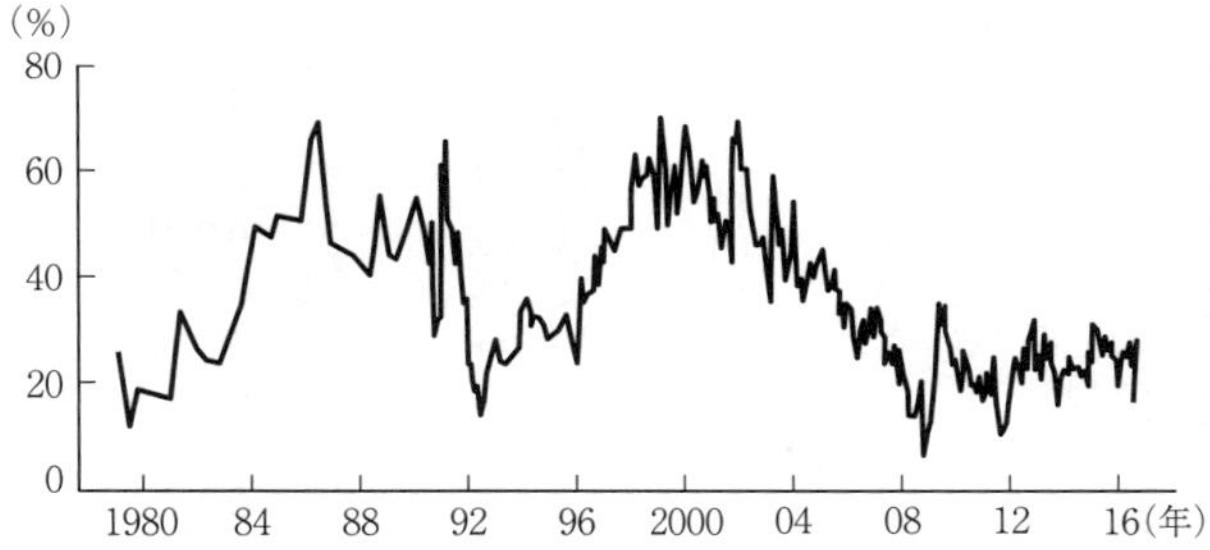

アメリカの方向性への満足度

あなたはアメリカの方向性に満足していますか(%)

	満足	不満	無回答
2016.10	28	70	2
2016.9	29	70	1
2016.8	27	72	1
2016.7	17	82	2

出典)ともにギャラップ

いる。トランプの支持者には、貧しい白人が多いというイメージがある。確かに、ラストベルトで取材していると、そういったケースに出会うことも少なくない。しかし、どちらかというと、かつての豊かな暮らしが終わる、低所得層に転落しそうだ、という不安を抱くミドルクラスが多い。

ジョーもそう思う。自分の世代までは良かったが、子どもたちの世代が心配だ。アメリカの進んでいる方向性は間違っているのではないか――。そんな懸念が広がっている。ギャラップによると、この国の方向性に「不満」と答えた人の割合は、本選の直前、２０１６年10月で70％、同７月時点では８割を突破していた。

62歳まで何とか生き残ったぞ

７月。ニューヨークに戻っていた私にジョーから電話が入った。うれしそうな声だった。

「聞いてくれ、ついに年金を受け取ったぞ。オレは15歳からずっと掛け金を払ってきたからな」

この日の話題は、年金だけだった。私は電話を切ってしばらく考え、ジョーの年金の話を十分に取材できていなかったことに気付いた。

思い出せば、ジョーが３月の取材で最初に強調していたのも年金制度への懸念だった。自分の関心が自由貿易や雇用流出だったあまり、取材の焦点が少し偏ってしまっていた。

オハイオ州ウォーレンを再訪すると、ジョーはまた同じソファに寝転がってテレビを見ていた。そして３月と同じことを言った。

「政治家は長生きするから、簡単に「年金の受給年齢を引き上げる」と言う。それが許せない。でもトランプは違う。立候補の会見で、社会保障を守ると言ったんだ」

そして満面の笑みで続けた。

「オレは６月23日に最初の給付金を手にした。年金には、待機期間っていうのがある。62歳になってもすぐには受け取れない。4月に62歳になったが、4月と5月は待たされて、やっと6月に最初のチェックを受け取ったんだ」

本当にうれしそうだ。そして声を大きくして言った。

「62歳まで何とか生き残ったぞ、なあキャロル?」

公立小学校教諭の妻キャロルは、また同じこと言ってる、といった調子で台所から適当な相槌を打った。小学校1年の担任で、いつも私の取材を助けてくれる。

「溶鉱炉から出て、62歳まで生きるヤツは少ないからな。同僚の半分は死んでしまった。新聞の死亡告知に出る。バリー・シムスは42歳だったし、リッキー・バーネットもウッディー・バーネットも早死にしちまった」

私にフルネームを言ってもわかるわけがないのに、元同僚の名前をそらんじる。

42歳とは確かに早い。私が驚いていると、キャロルが説明してくれた。

「溶鉱炉の作業員はアスベストの被害を受け、がんも多い。ジョーにもきっと肺にアスベストがある。アスベストは耐火性の作業着や手袋に使われていたの。健康に悪いなんて、今さら言われてもねえ」

キャロルの話を、ジョーは不愉快そうに聞いていた。

ジョーの話を聞いて、私は改めてトランプの立候補時の演説を聞いてみた。トランプは確かに約45分の演説の中で2回、社会保障に触れていた。

「私のような誰かが国家に資金を取り戻さないと、社会保障は崩壊しますよ。他の人々はみんな社会保障を削減したがっているが、私は削減しません。私は資金を呼び込み、社会保障を救います」

「メディケア(高齢者向けの公的医療制度)やメディケイド(低所得者向け公的医療制度)、社会保障を削減なしで守らないといけません」

具体策は何も語っていない。ただ「社会保障制度を維持する」というメッセージを繰り返す。全体の趣旨としては、自分は大富豪だから、他の政治家と異なり、利益団体の影響を受けずに改革できる。そんな自分であれば、アメリカの経済を再建し、軍隊やインフラ、社会保障制度を守ることができる、というものだ。

自由貿易批判も社会保障制度の保護も、「小さな政府」を志向してきた従来の共和党候補とは力点の置き方が異なる。トランプは同時に「レーガン政権以来の最大の減税」も公約にしており、これらをどう両立させるかは何も説明していない。

それでもジョーにはメッセージが響いていた。大統領選のカギを握ったラストベルトの有権者へのメッセージに、自由貿易批判や大幅減税だけでなく、社会保障制度の保護もしっかりと盛り込まれていた。体を酷使して働いてきた中高年のブルーカラー労働者には、最大の関心事であることは間違いない。

ブルー・ドッグの反逆

トランプ支持の理由を語る元道路作業員
ジョン・ミグリオッジ

ジョー以外にも、長く民主党を支持してきた労働者たちがトランプ支持に流れていた。

ジョーと同じ、オハイオ州トランブル郡にある街、ジラード。ここに住む元道路作業員、ジョン・ミグリオッジ(48)も、そんな1人だ。職場の労働組合で委員長も務めた。米労働総同盟・産業別組合会議(AFL-CIO)傘下の組合だ。

最も重要な仕事が冬の雪かきだ。

雪が積もると、警察から連絡が入る。午前1時、午前3時、時間は関係ない。作業員7、8人で幹線道路に向かう。手分けしてやっても15〜16時間の作業を強いられることが少なくなかった。

積雪が8センチを超えると、削岩機での作業に切り替える。やっかいだ。小さな街で予算に限りもあるため、旧式の手動削岩機で重量は約50キロもある。吹雪で視界もさえぎられる中、路面に凍り付く雪を削り取っていく。「ガッガッガッガとやると、ホントに疲れる」

でも、やりがいはあった。朝日が光り輝く中、自分たちが除雪した後の道を、パトカーや消防車が走り、労働者を乗せた車が製鉄所に向かっていく。そんな光景を仲間と眺めるのが好きだった。

「自分たちの仕事がなければ、パトカーも立ち往生さ」

イタリア出身の父は、小学3年までの教育しか受けられなかったが、勤務先の製鉄所では労組委員長になった。労働者を守る活動を代々誇りにしてきた。ポーランド出身の母の父も製鉄所で働いた労働者。そんな家庭環境の中で民主党を支持するのは自然だった。

ミグリオッジは強調する。「私も父もブルー・ドッグの生き残りです」

ブルー・ドッグとは、保守的な民主党支持層だ。首都ワシントンには「ブルー・ドッグ・コアリション」という議員集団もあり、オバマの医療保険制度改革法案の下院での採決では、このグループから反対が出た。

2010年ごろは民主党の下院議員だけでも50人以上のメンバーがいて「連邦議会で最も影

響力がある」(ワシントン・ポスト紙)とも言われたが、今では落選や引退で所属議員が14人に減っている。民主党が都市型の政党になり、マイノリティーやリベラル派の影響が大きくなるにつれ、党内で保守派の存在感は埋没している。

ワシントン・ポスト紙は、地方の保守的な民主党支持層を「絶滅危惧種」と呼び、ミネソタ州の農業地帯から選出される同党下院議員コリン・ピーターソンの「トランプ氏が地方で勝利を収めたのは、ますます都市型に、リベラルになる民主党に見捨てられたと感じてきた、地方の有権者のおかげだ」との分析を紹介している。ピーターソンも「ブルー・ドッグ・コアリション」のメンバーだ。

ミグリオッジの主張は、ピーターソンの分析と重なる。今の民主党への困惑を語った。

「オバマ大統領にもヒラリーにも「あなたに必要なことを、私はあなた以上に知っている」という姿勢を感じる。私はそれが大嫌いです」

「例えばですよ、オバマケア(医療保険制度改革)には6割が反対していました。それでも「これが正しい」と言って大統領が押し付けてくる。連邦政府、中央政府がそこまで個人の暮らしに介入するべきでしょうか? やり過ぎではありませんか? 「政府の方がものごとを深く知っている」という姿勢に、私は社会主義や全体主義に通じるものを感じるのです。今の民主党は急進的に左に傾きすぎている。リベラル勢力が民主党を乗っ取ってしまったのです」

街の衰退も気がかりだ。薬物汚染が広がり、16歳の姪は過剰摂取で死んだ。地元紙は連日、若者の死を伝えている。アメリカが進んでいる方向は何かおかしい。そんな違和感を覚えていた時、選挙費用に多額の自己資金を投入すると豪語する実業家トランプが立候補した。

「メキシコ人が薬物と犯罪を持ち込んでいる」

「自由貿易には賢い指導者が必要だ。それなのにアメリカの自由貿易の交渉人たちはバカで、利益団体に操られている」

ジョン・ミグリオッジが手に入れた中古の自宅

女性への蔑視発言などには賛成できないが、わかりやすい言葉を語る。いつも堂々と振る舞い、名門出身の政治家や指導者ら「エスタブリッシュメント（既得権層）」を敵に回すことを楽しんでいるようにすら見える。この男なら、特定の業界の意向を受けて政策の実現を働きかけるロビイストの影響も無視できそうだ――。気付けばトランプの熱心な支持者になっていた。ミグリオッジは「アメリカを再び偉大にしよう」というトランプのロゴが入った帽子をかぶり直して言った。

「実業家のトランプに何ができるか、お手並み拝見したい。少なくともオバマ政権の３期目になるヒラリーよりは期待できますよ」

インタビューを終えると、自宅に案内してくれた。

「こつこつ働いて、やっと家を買うことができましたよ。中古ですけどね。女房は喜んでくれています」。玄関は造花や人形できれいに飾られている。

「私が指導者に求めていることはシンプルです。まじめに働き、ルールを守って暮らし、他人に尊敬の念を持って接する。そうすれば誰もが公正な賃金を得られて公正な暮らしが実現できる社会です。ビジネス界でやってきたトランプに期待したいのです」

トランプを支持するヤングスタウンの中年3人組

第2章
オレも，やっぱりトランプにしたよ

シンガー・ソングライターのブルース・スプリングスティーンも歌った労働者の街がオハイオ州東部のマホニング郡にある(20ページの地図参照)。ヤングスタウン。かつてはアメリカを代表する製鉄の街だった。今はすっかりさびれている。製鉄所は次々と閉鎖され、失業者が街にあふれ、若者は高校を卒業すると町を出た。人口は最盛期の半分を切った。米政府が独自に算出する貧困率は全米平均の3倍。

明日への不安を語るアメリカ人に多く出会った。かつては民主党を支持した人々がトランプ支持に回っていた。第2章では、そんな労働者たちの思いを伝える。

スプリングスティーンの歌った街

かつての製鉄業や製造業が廃れ、失業率が高く、若者の人口流出が激しい「ラストベルト(さびついた工業地帯)」の象徴的な街といえば、その1つは、オハイオ州マホニング郡のヤングスタウンだろう。

1950年代、この街の鉄の生産量は同規模の街では世界最大で、マイホームの保有率も全米屈指。豊かな労働者が暮らす街の代名詞のような存在だったという。

ところが1970年代ごろから、グローバル化や技術革新の影響を受け、製鉄所の閉鎖・縮小で雇用が大幅に減り、人口は60年代の16万人超から6万5000人（2015年推定）に減少。貧困率は全米の13・5％をはるかに上回る38％超。家計所得の中央値も全米（5万3889ドル、約620万円）の半分以下、約2万4000ドル（276万円）にとどまっている。

♪父は溶鉱炉で働いた　炉を地獄よりも熱く保つ仕事
父はオハイオで職に就いた
第二次世界大戦から帰還後のこと
今では鉄くずとがれきが残るだけ
ここの工場で作った戦車と爆弾で戦争に勝った
韓国やベトナムに息子たちを送り出した
今になって思う　一体何のために死んだのかと

労働者階級に育ち、反戦や貧困、人種差別など社会の底流に流れる問題をテーマに歌い続ける「ボス」こと、シンガー・ソングライターのブルース・スプリングスティーンが作った曲「ヤングスタウン」の抜粋だ。スプリングスティーンは、ジャーナリストのデール・マハリッジと写真家マイケル・ウィリアムソンの著作からインスピレーションを受け、「ヤングスタウン」を書いた。マハリッジは、アメリカの労働者、失業者の声を記録し続け、『And Their Children After Them』でピューリッツァー賞を受けた。

スプリングスティーン本人が記している。

「ある夜のことだ。眠れないまま、リビングルームの本棚から、ある本を手に取った。（中略）そして次の週に完成したのが、「ヤングスタウン」と「ザ・ニュー・タイマー」の二曲だ。私たちは1980年代のあいだずっと、いったいどれだけの人が失業しているのか聞かされてきた。デール・マハリッジとマイケル・ウィリアムソンは、その失業者がどんな人たちで、どんな人生を送ってきたか教えてくれた。ルールを守り、正しいことをやってきたにもかかわらず、報われなかった人たち。身を粉にして働き、この国を築き上げて来た人たち。息子を戦争に送ったにもかかわらず、こけにされ、お払い箱になった人たち。私はその夜、眠れないまま考えた。これまでやってきた仕事が、時代遅れで用なしになったとき、自分ならどうするだろう。家族を養うために、どんな選択をするだろう」（『繁栄からこぼれ落ちたもうひとつのアメリカ』（D・マハリッジ著、M・ウィリアムソン写真、ラッセル秀子訳、ダイヤモンド社、2013年）から引用）

ヤングスタウンのダイナーで

私は2015年の年末、冬休みを利用して初めて「ラストベルト」に入ることにした。トランプ支持者の取材場所を選定するための下見だった。もちろん取材のアテなどない。とりあえず、ヤングスタウンをめざした。マイケル・ウィリアムソンの写真で見ていた街並みにも関心があった。

ニューヨークからは700キロ。マンハッタンで車を借り、「ヤングスタウン」を聴きながら西に向かった。アパラチア山脈を越え、7時間後に到着した。街では、工場や住宅の廃墟が目についた。年末年始とあってか定休日の店が多く、暗いイメージが増幅したのかもしれない。

街の東の外れにある「シティー・リミッツ・レストラン」というダイナー(食堂)に入った。元旦だが店内はにぎわっていて、ほぼ満席。食事をしていると、背後のテーブルから2人の男性の楽しそうな会話が聞こえてきた。

「昨夜(大みそか)は何していたんだ?」「新年を祝って、裏の空き地でライフルを闇夜に向かってぶっ放したんだ、ダッダッダッダーとな」「オマエ、相変わらずクレージーなヤツだな」そんなやりとりで大笑いしている。2人ともラフな格好で、オムレツを食べていた。

私は仲間に入れてもらえないかと尋ねてみた。大統領選をどう見ているかを聞くためだ。2人は大歓迎してくれた。家具職人のカート・エンスリー(53)は退役軍人。1980年代の沖縄での暮らしが良い思い出になっていて、沖縄にも日本にも好印象を持っていた。「あなたのなまえ、なんですか、わたしはカートです」と、突然日本語で自己紹介した。

2016年元旦。ダイナーでオムレツを食べていた家具職人カート(左)とビクター

モバイルホームパーク(トレーラーハウス駐車場)の管理人ビクター・ヘルナンデス(49)は、プエルトリコ系アメリカ人で、トランプの人種差別的な言動や、イスラム教徒などを蔑視する姿勢に首をかしげていた。

トランプの当選後、当時の取材メモを読んでいて驚いたのは、ビクターが1年前から大統領選でのトランプ当選を予言していたことだ。米メディアの大半が「いずれ失速する」と言い続けていた時期だ。

ビクターは「この国には不満をためこんだ人が多い。トランプにはカネがあり、普通の政治家と違って、特定の業界団体の献金をアテにせず、言いたいことを自由に言える。しかもその声がでかい。そもそも(テレビ番組に出演していた)有名人だ。アメリカ人はそんな人間が好きだ。だから、トランプが当選する可能性は大きい。共和党の予備選に勝つだけでなく、本当に大統領になる可能性がある」

「でも個人的には、それが正しい選択とは思わない。彼が良い政治家になれるとも思わない。彼は経営者としても何度か破産している。まだ誰に投票するかを真剣に考えていないけど、トランプではないのは確かだ。彼のことをオレは好きになれない」と言っていた。

ビクターは、両親がプエルトリコ移民で、民主党支持者として育った。

黙って聞いていたカートが「オレはビクターの意見に完全に反対だね。トランプを１００％支持する。この国には企業経営者のマインドでかじ取りする指導者が必要だ。アメリカも日本も世界も、大きなキャッシュ・レジスターだ。そこに入っているカネしか使うべきではない。そのルールが守られていない。平気で借金を増やす大統領が続いている。それを止めないといけない。企業経営だって、借金ばかりじゃ倒産するだろ。彼には、企業と同じようにアメリカを経営してほしいね」と反論した。

ビクターとカートが去った後、私はダイナーで取材メモを整理した。しばらくして精算しようとすると、店員が「さっきの人たちが払ったわよ」

私は冬休み中で妻も同行していたので、支払いは20ドル(２３００円)以上になったはずだ。

これが初回だったが、その後も「トランプ王国」の取材では、このような場面に出くわした。とにかく面倒見が良い。おごられっぱなしではマズイので、私が次回はお誘いする。そうして仲良くなっていった。

やっぱりトランプに投票したよ

２０１６年３月。大統領選は、共和、民主両党の候補者を１人に絞り込む予備選・党員集会のまっさかりだった。トランプは２月のニューハンプシャー州予備選で初勝利すると、３月のスーパーチューズデーでも圧勝し、最有力候補の座を固めていた。

注目のオハイオ州でも３月15日に共和党予備選があった。州全体では、現職州知事ケーシックが首位で、トランプは２位だった。しかし、郡別の結果を見ると、ビクターたちが暮らすヤングスタウン(マホニング郡)ではトランプが圧勝していた。トランプは、地元の知事より人気を集めていたのだ。

私は、元旦に知り合ったビクターに電話をかけてみた。トランプに批判的だった彼が、この予備選で誰に投票したかを確認したかった。すると驚く答えが返ってきた。

「オレ、やっぱりトランプに投票したよ」

2カ月ほど前の取材では、トランプを好きになれないと言い、アメリカの行く末を案じていた。いったい彼に何が起きたのか。じっくり理由を説明してくれると言うので、ヤングスタウンを慌てて再訪した。

また同じダイナーで待ち合わせた。ビクターは、前回もいた家具職人カートの他に、政治に詳しいことで仲間から一目置かれる元保安官代理のデイビッド・エイ(52)も連れてきてくれていた。デイビッドの話を聞いて、ビクターはトランプへの評価を変えたという。

デイビッドが2人に話していた。

「共和党で人気2位のクルーズ(上院議員)の妻はゴールドマン・サックスという大投資銀行の元幹部だ。この会社は、民主党のヒラリー・クリントンに3回の講演料として計67万5000ドル(7760万円)を払っていたんだ」

あまりに金額が大きくピンと来ない。カートはそんな表情を浮かべた後、こう首をかしげた。

「オレにはわかんねえな。だってクルーズは共和党で、ヒラリーは民主党の候補者だろ？　そのゴールドマンっていう会社はどっちの党の味方だ？」

ビクターが突っ込む。

「そういう話じゃねーだろ。大企業には政党なんてどっちでもいい。偉くなりそうなヤツにカネを払う。それが「影響力を買う」ってことだろ？　クルーズもヒラリーも、どっちもエスタブリッシュメント(既得権層)ってことだよ」

なぜこんなやりとりを紹介したかと言うと、2016年の大統領選では、とにかく「エスタブリッシュメント」への風当たりが強かったからだ。政党は関係なく、いったん「既得権層」との認識が広まってしまうと、もう挽回が不可能というほど猛威を振るった。

これは最後まで変わらず、クリントンを苦しめ、「アウトサイダー」を名乗ったトランプの勝利に影響したことは間違いない。3人は「クルーズもヒラリーも信用できない」との意見で一致し、「やっぱり次はトランプ大統領で決まりだ」と盛り上がった。

地元保安官の解説

デイビッドとカートは小学5年生の頃からの大親友。地元のポーランド中学・高校を一緒に卒業後、海兵隊に入った。2人とも自分たちは典型的なミドルクラス(中流階級)の出身という。デイビッドの父は保険業者、母はスクールバス運転手で、定年まで働いていた。カートは9歳から牧場の仕事を手伝った。

私が「そもそも、なぜ、民主党員になったのか?」と3人に尋ねると、カートは「そんなこと考えたこともない。ここは元々、労働者の街だ。汗を流して働く者は、みんな民主党員だった」。デイビッドは「ここでは当時ほとんどの人が民主党員として生まれ、育てられた。若かった頃、民主党は勤労者を世話する政党だった。ところが10〜15年前ぐらいからか、民主党は勤労者から集めたカネを、本当は働けるのに働こうとしない連中に配る政党に変わっていった。勘定を労働者階級に払わせる政党になっていった」と答えた。

デイビッドの解説に、ビクターとカートの2人もうなずいている。民主党にうんざりした理由はわかった。では、なぜトランプの支持になるのか？　これがこの日の、最大の取材目的だ。

この質問に答える前に、とデイビッドが2点を強調した。

①自分は海兵隊を除隊後、地元マホニング郡の保安官代理を22年間務めた。製鉄所が次々と閉鎖され、地元経済が停滞する中、悪化する治安に現場で向き合った。自宅を運良く売却できた住民から、どんどん逃げるように郊外に出て行く街の変容を見てきた。

②妻はアフリカ系アメリカ人で、結婚22年。自分は人種で偏見を抱くような人間ではない。

こう前置きした上で、次のように答えた。

「70年代以降、工場の仕事が海外に流出し、収入が下がり、若者が街を去ることが当たり前になった。なんで人件費の安い国々と競わないといけないのか、との疑問は募るばかりだった。仕事があふれ若者が多く、活気にあふれていた時代が、もう戻ってこないこともわかっている。だから、なんでこうなったのかという「不満」と、この街で生きていけるのかという「不安」

が、この街には強い」

デイビッドはまず経済的な不満・不安を語り、次に「フェアネス(公平さ)」の話に移った。これはプロローグで紹介したテキサス州の支持者の声とそっくりだ。

「不法移民や働かない連中の生活費の勘定を払わされていることに、実はみんな気付いていた。問題だと知っていたけど、自分たちに余裕があり、暮らしぶりに特段の影響もなかった頃は放置していた」

「ところが収入が目に見えて落ち始め、もう元の暮らしには戻れないとわかり始めた頃、多くのミドルクラスが「もう他人の勘定までは払えない」と訴えるようになった。「もう十分だ」「フェア(公平)にやってくれ」との声が高まり、限界に達しようとしている時にトランプが登場した。オレたちが思ってきたことを、一気に大統領選の中心テーマにしてくれた。それだけでもトランプに感謝している」


こう一気に話した上で、デイビッドはさらにトランプへの感謝を語り続けた。

「彼はカネも豪邸も飛行機もゴルフ場も何でも持っている。これ以上稼いでも意味がないだろう。彼は愛国心からひと仕事やろうとしてくれている」

「さすがはデイビッドだ」といった表情で聞いていたカートも言った。「トランプは自分のカネで選挙運動をしている。当選後、特定業界の言いなりになるような政治家とはわけが違う」

ビクターが、トランプ支持に立場を変えた理由を説明した。

「ご覧の通りだよ。デイビッドたちの話を聞いているうちに、もっともだと思うようになった。特定業界のカネで選挙を勝ち抜いた大統領では、結局は何も変えられない。製薬業界の巨額献金をもらう大統領の下で、薬の価格が下がるはずがない。業界も意味もなくカネを出さないはずだ。今でもトランプの偏見や憎悪をあおる言動は好きじゃないが、彼にはビジネスの才覚がある。1回、アウトサイダーにやらせてみるのも悪くないと思ったんだ」

元旦の取材では、トランプに反対していたビクターが、すっかり支持者になっていた。

涙目で語る「真のヒーロー」

デイビッドが、ところで、という感じで話題を変えた。

「ジム・トラフィカント(James Traficant)って知っているか？　2年前に事故死してしまったが、ここでのトランプ人気を知りたければ、彼を調べるとおもしろいよ。とにかく、2人はそっくりなんだ」

デイビッドは続けた。

「トラフィカントはヤングスタウン(第17選挙区)選出の下院議員で、今のトランプと同じことを主張していた。彼は首都ワシントンで暮らしていた時、普通の政治家が立派な家に暮らすのに、なんとポトマック川に係留した木製の小型ボートで暮らしていた。まあ、トランプにそれはできないだろうけどな」

ビクターもカートも雑談していたのに、トラフィカントの話になると黙って聞いている。

「彼の伝説が始まったのは、製鉄所の相次ぐ閉鎖で失業者が急増していた1980年代。家賃を払えなくなった労働者に対し、裁判所は自宅からの強制退去命令を出した。しかし、保安官だったトラフィカントは「労働者は悪くない」と宣言して執行命令を無視し、刑務所に送られた。労働者の味方だった」

気付けば、デイビッドが涙目になっている。ビクターもカートも妙にしんみりして、「彼は真のヒーローだった」とつぶやく。

地元紙などによると、トラフィカントは、ヤングスタウンのトラック運転手の末っ子だった。高校時代とピッツバーグ大学では、アメリカンフットボールのクオーターバックとして活躍した。保安官として強制退去の執行命令に背いた際は、3日間刑務所に送られた。また、ポトマック川に浮かべた木製ボートを売った後は、議会の事務所で寝泊まりしていたという。

84年、連邦下院議員選に民主党から立候補して初当選。首都ワシントンに行っても「反エスタブリッシュメント（既得権層）」の姿勢を貫いたことで厚い支持を固め、連続8回再選を果たした。

トラフィカントとトランプ

ダイナーで別れてから数日後、デイビッドからメールが届いた。トラフィカントの演説に関する動画だった。見てみた。

「国境が開いたままで、どうやって国の安全を守るんですか？　国境を越えるのは、仕事を求める無実のメキシコ人ばかりと思いますか？　銃の密輸業者、テロリスト、薬物の密輸業者のことを考えてみて下さい」

トランプとそっくりだ。トランプの場合、「強姦者」とまで呼んだが。トラフィカントは続ける。

「海外派遣中の軍隊1万人を帰還させ、国境を守るために配置しましょう。そんな提案をしたら、私は人種差別主義者とか偏見を持つ人とか批判されたんです」

トランプの「メキシコ国境沿いの壁」とは異なるが、国境警備の強化という趣旨はまったく同じ。2人が批判される時の言葉「人種差別主義者」「偏見を持つ人」まで同じだ。

政治家として演説もうまい、と言ってよいだろう。オバマのような高尚さはゼロで、うならせるメッセージもない。ただ、言葉遣いはラフで聴衆を飽きさせない。例えば、こんな具合だ。

「(国境警備の強化を訴える)私の話を聞いていて、皆さん思ったでしょ、アメリカには既に国境警備隊がいるって。そうじゃないんです。国境の2マイル(約3キロ)ごとに1人しかいないんですよ。ご近所で2マイル先を想像してみてください。その間に1人だけですよ。アメリカには国境警備なんてないんです。彼らがダメだって言っているんじゃなくて、人数が足りていないって言っているんです」


トランプ同様に、雇用も得意テーマだった。

「もはや絶滅危惧種ですよ、雇用は。1つの職に100人が応募するんです」「ウィスコンシン州のハーレーダビッドソン社が組合に言いました。「妥協が成立しないと、ウィスコンシン州を出て行く」と。税制とか規制が企業の重荷になっている。アメリカの労働者は今や、自国の国内政策の犠牲者なんですよ」

具体的な社名を挙げる点も、トランプとそっくりだ。トランプが演説で多用したのは、メキシコ移転を発表していた空調機器メーカー大手「キャリア」だった(キャリアはトランプ当選後、工場の移転計画を一部変更。トランプの政治介入として注目を集めた)。

自由貿易協定を批判するのも同じだ。トラフィカントが中でも標的にしたのが、同じ民主党大統領のビル・クリントンが署名し、94年に発効した北米自由貿易協定(NAFTA)だ。トランプはいまNAFTAの「再交渉か離脱」を掲げている。

トラフィカントが当時「大統領だろうが、民主党だろうが、共和党だろうが関係ない。これ以上、人々の力を弱める法案には反対だ」と下院で訴えた演説は、いまも地元の語り草になっている。

トラフィカントの晩年は不遇だったようだ。

2002年に収賄で有罪判決を受け、議会を追放された。ワシントン・ポスト紙によると、南北戦争以降で、議会を追放されたのは2人目。09年に釈放されたが、14年9月にトラクターで転倒事故を起こし、ヤングスタウン市内の病院で死去した。享年73歳。

トランプが大統領選への立候補を表明したのは、トラフィカントの死から9カ月後だった。

労働組合で委員長も務めた元道路作業員のジョン・ミグリオッジ(48)＝第1章にも登場＝は、やはり勤務先の製鉄所で労組委員長だった父がトラフィカントの熱烈な支持者だったこともあり、トラフィカントの初当選の時から選挙を手伝った。地域の子どもの名前も1回で覚えるトラフィカントを「魅力的な人だ」と心底おもった。

ミグリオッジは今回の大統領選でトランプの支持に回っている。

「トラフィカントは、労働者のホンネをありのまま口にした。批判なんて全然気にしない。ツラの皮が厚い。でも民主党の方針に背き続けたので、最後は収監されてしまった。トランプが共和党主流派から足を引っ張られているのと、まったく同じなんです」

トラフィカントはローカル・ヒーローだった。一方、今回の大統領選で、トランプの躍進ぶりは全米に広まっていた。その理由について、トラフィカントが80年代から繰り返していたと地元で伝えられる警告が、まるで今を予言していたかのようで興味深い。

「今の(庶民切り捨ての)貿易政策などを続ければ、今、ヤングスタウンで起きていること(産業の衰退)が、やがて全米各地で起きるだろう」

真昼のバーで政治談義

ダイナーで、ローカル・ヒーローの話を聞き終えると、ビクターが「じゃあ、バーに飲みに行くか」と言い出した。まだ昼間の午後2時前だ。私が驚いていると、「そこにいけばもっとトランプ支持者のホンネを聞けるぞ」と誘ってくる。

私は彼のピックアップトラックの後に続いた。川沿いをしばらく走ると1軒のバーがあった。「今は何もないが、むかしは川沿いにずっと製鉄所が並んでいた」。入店前、ビクターが教えてくれた。当時、製鉄所前の道は混雑し、警察官が３交代制で交通整理に当たっていた、と懐かしそうに振り返る。

店内では白人７人がカウンターを囲んでいた。

キリスト教の復活祭（２０１６年３月27日）を翌日に控えた土曜日の昼下がり。「家にいると家族に邪魔者扱いされる」。日本の居酒屋でも聞きそうな言い訳をしながら男たちがビールを飲んでいる。早くもウイスキーで顔を真っ赤にしている男性もいた。

「今日は日本の記者が来ているから、政治ネタも解禁だ」。常連客のビクターが宣言すると、さっきまではバスケの試合をテレビ観戦していた元警察官、ドナルド・スコウロン(70)が手提げ袋から金髪カツラを取り出し、自分の頭に載せて話し始めた。金髪カツラは、もちろんトランプのマネだ。名前も偶然トランプと同じだ。

「私は長年の民主党員でしたが、予備選（３月15日実施）では共和党に越境し、トランプに投票しました。11月の本選では、皆さんも越境しましょう！」

ここにもいた。ドナルドも、トランプ支持になった元民主党支持者だった。

ドナルドは現役時代、双子でやはり警察官の弟と共に、銃を持った犯罪者が相手でも恐れない「クレージー・カウボーイ」と呼ばれていたという。確かに顔は怖いが、おちゃめな人だ。

ドナルドは、トランプの写真をカウンターに並べて自慢を始めた。写真は、トランプが近くの空港に遊説に来た時のもので、ドナルドは最前列で聞いたという。よく見ると、写真の中のドナルドの頭にも同じカツラが載っており、それにトランプが親指を突き出して「グッド・サイン」を送っている。カウンターの客の1人が「この写真、すごい!」と言うと、ドナルドは顔をくしゃくしゃにして喜んだ。

一部始終をカウンターの中からあきれた表情で聞いていた店員の女性がついに口を開いた。

「私はイヤよ。人種差別、女性蔑視、その他なんでも。トランプのような社会に分断を持ち込む大統領なんてお断りです!」。本当に不機嫌そうだ。

トランプかつらをかぶる元警察官ドナルド・スコウロン(右)

ウイスキーでろれつの回らなくなっている男性が「トランプだろ、頑固なクルーズ(共和党予備選の候補)だろ、社会主義者のサンダース(民主党予備選の候補)だろ。おかしな候補者ばかりで投票する気も起きねえや」とこぼすと、女性が叱りつけた。「普通選挙の実現のために先人が闘ってきた。その権利を行使しないなんて信じられない！」。カウンター客から拍手が起きた。

ドナルドは「まあまあ」となだめながら、今度は袋から大量のトランプ・バッジを取り出し、「トランプを次期大統領に」と言いながら客に配り始めた。バッジは4種類あり、トランプの顔写真や、キャッチフレーズ「アメリカを再び偉大にしよう」がデザインされている。すべてドナルドの手作りバッジ。これまでに2000個を作って周囲に無料で配ってきたという。私がバッジをしげしげと眺めていると、ドナルドが言った。

「今日もバッジ作るから、おまえも一緒にやるか？」

楽しそうなのでお邪魔することにした。酒を飲んでいない私がハンドルを握り、助手席にほろ酔いのドナルドを乗せて自宅に向かった。さっきまで気持ちよさそうに飲んでいたくせに、「昨夜も飲んだから今日は飲みたくなかった」とブツブツ言っている。

車内でトランプを支持する理由を聞いた。ドナルドはいい話をしてくれた。

「この谷(街)からすっかり仕事がなくなってしまった。製鉄所が元気だったときは、周辺のサービス業も含めて、みんな潤った。ところが街のエンジンが停止すると、すべてがダメになった。この州のケーシック知事は均衡財政を実現するためといって、公共サービスを切り始めた。ついには学校教育にも影響が出ている。音楽や美術の授業が削減されている。この国はついに未来にまで手を付け始めた。学校教育は未来への投資だ。トランプはそんなことは言わない。彼はアメリカに雇用を取り戻すと約束した。成功した実業家だから、やれると思う。これまで職業政治家ではうまくいかなかったから、次は実業家にやらせてみよう」と期待を語った。

実はドナルドも高卒後、警察官になるまで製鉄所で働いていた。この地域で多くの人が言うことだが、当時、高卒直後の未経験者でも仕事を見つけ、一人前の給料がもらえた。

「クロス・オーバーしてトランプに投票を」

ドナルドは「この辺りでは、みんな人生のどこかで製鉄所で働いた。本当にやりたいことが見つかるまでのつなぎだったり、大学に通いながらだったり、いろいろだけどね」と教えてくれた。

2階建ての一軒家に到着した。芝生の庭はテニスコートが5面は作れそうな広さだ。車庫の横がバッジ工房になっていた。トランプの顔写真が印刷された用紙が積まれている。ドナルドは、手動式の製造機を卓上に置き、ガチャンガチャンと慣れた手つきでバッジを作り始めた。

車庫には「クロス・オーバー（越境）してトランプに投票を」と大きく書かれた手製プラカードが5枚あった。古くからの民主党員に、共和党のトランプへの投票を呼び掛けるための選挙道具で、予備選の前に路上でＰＲ活動したという。

てっきりトランプ陣営に頼まれてやっているのだと思ったら、ボランティアで、自分のアイデアで活動内容を決めたという。バッジの製作費は、アイデアをおもしろがってくれた地元の資産家に全額を寄付してもらったという。

日本ではなかなかお目にかかれないタイプの選挙ボランティアだ。トランプの大統領就任を信じ、自分のアイデアで選挙戦を応援するドナルド。その楽しみ方を見ていて、少しだけ、うらやましくなった。

失業中のジノ・ジオッポ

第3章
地方で暮らす若者たち

ラストベルトに行くと、すぐに気付くことがいくつかある。街のあちこちに民家や工場の廃墟が点在している。貧困エリアに入れば、廃屋が並んでおり、道路の舗装状態も悪くなる。通い始めて気付くこともある。薬物汚染の広がりだ。バーで飲んでいれば、酔った若い白人から薬物をやらないかと声を掛けられる。そんな街々で暮らす若者の多くは閉塞感や失業に悩んでいる。

トランプの暴言を支持する若者に私は一度も出会ったことはない。ただ彼らに共通するのは、「規格外の行動力を持った指導者に現状を変えて欲しい」という願望だ。破壊願望にも近い。

彼らが飲むのは1杯2ドルの生ビール。ニューヨーク・マンハッタンのバーで飲めば1杯8ドルだ。トランプ現象の背景には、地域格差がある。経済だけでなく、希望の格差。本章では6人の「若者」を紹介したい。

今朝、親友が死んだ

2016年11月10日。オハイオ州トランブル郡を運転中、私の携帯電話に取材先から連絡が入った。

「今朝、親友のベンが死んだ。37歳、子どももいるのに」

電話の主は、トランブル郡でトランプ支持者のリーダーを務めてきたデイナ・カズマーク（38）。電話越しに気が動転していることがわかる。その後の言葉が続かない。

「死因は？」。私が尋ねると、デイナは言った。

「また、薬物の過剰摂取。私の弟と同じ」

この衝撃は大きかった。デイナは4年前、1歳違いで親友のように育った弟ダニエルをヘロイン中毒で失った。享年33歳。

弟ダニエルの同級生がベンだった。デイナにとっても、ベンは幼なじみの1人。デイナは、地元で一緒に育った2人を、いずれも30代で失った。薬物汚染の蔓延だ。

弟をヘロイン中毒で失ったデイナ（左）．弟の遺影の前で母親と一緒に撮影

私が駆け付けると、デイナはこの日2カ所目の勤務先のバーで、携帯電話に保存されたベンの笑顔の写真を眺めていた。ベンの隣には赤ちゃんも写っていた。

放心状態のデイナがつぶやく。

「ベンは、姉のリアと一緒に、子どもの頃、うちの簡易プールにしょっちゅう遊びに来ていた。いまそれを思い出している。ベンの母と、私の母は同じホテルで働いていた。学校が休みの時、私たちはホテルに遊びに行き、みんなでお泊まりしたこともある」

「弟が死んだ時、ベンは地元を離れていた。ベンは戻ってくると、真っ先に私のバイト先に会いに来てくれた。そして弟が死んだ時に一緒にいてあげられなかったことに「ごめんね」と言い、「ダニエルはデイナのことをホントに愛していたよ」とも言ってくれたの」

オハイオ州では2014年に2744人が薬物の過剰摂取で死んだ。10万人当たりの死者数(調整値)は、オハイオ州で24・6人。疾病対策センターによると、オハイオ州は全米で5番目に高い。最悪は、ウェストバージニア州の35・5人、2番目はニューメキシコ州の27・3人、3番目はニューハンプシャー州の26・2人、4番目はケンタッキー州の24・7人だった。オハイオ州の東隣、ペンシルベニア州も21・9人と高い。

製鉄や炭鉱などの主要産業が廃れた地域とほぼ重なる。デイナは、若者の失業や展望のなさが薬物汚染の背景にある、と感じている。彼女は蔓延する薬物汚染の被害を訴えるため、私にベンを紹介しようとしてくれていた。その矢先の訃報だった。

デイナに一報を知らせたのは、勤務先の喫茶店の店主だった。デイナが、喫茶店に到着すると、店主は「悪い知らせだ」と1枚の写真を見せた。赤い遺体袋が喫茶店の隣の建物から運び出され、検視官の車に載せられる様子が写っていた。

「誰!」「ベンだ」

交際中の女性が、朝ベンを起こそうとしたら既に亡くなっていたという。

デイナは、弟とベンだけでなく、高校時代の別の親友も薬物中毒で失っている。喫茶店の近くには、その親友の名前を刻んだベンチが置いてある。せめて、彼らの存在を忘れないようにするための取り組みだ。

中年の白人の死亡率上昇

大統領選の予備選が盛り上がり始めた2015年11月、米国で1つの論文が大きな注目を集めた。「中年白人の死亡率が上昇／中毒とメンタルヘルス問題が長年にわたって改善してきた長寿の流れを反転させた」(ウォールストリート・ジャーナル紙)

ニューヨーク・タイムズ紙もほぼ同じ見出しを1面に掲げ、次のように記事を書き始めた。

「中年白人の間で衝撃的な何かが進行している。他の年齢層、他のあらゆる人種、民族グループ、他の裕福な国の同世代と異なり、死亡率が下がるのではなく、上がっているのだ」

つまり、他の先進国でも、米国内の他の人種や年齢層でも、医療の進化などで死亡率は落ちているのに、米国の白人の中年(45～54歳)だけは死亡率が高まっている、という調査結果が公表されたのだ。

この世代の白人中年の死亡率は1978～1998年にかけて、平均して年2%のペースで下がっていたが、翌99年から2013年には年0・5%ずつ増えていた。もし、以前と同じペースで死亡率が下がっていれば、同期間に約49万人が犠牲にならずに済んだことになる計算という。中でも高卒以下の中年白人の10万人当たりの死亡者数が目立っており、1999～2014年に134人増えたという。

死亡率の上昇の原因は、心臓病や糖尿病という典型的なものではなく、自殺や薬物乱用に起因するものだった。処方された鎮痛剤の乱用、アルコール性肝臓疾患、ヘロイン過剰摂取も含まれるという。

ニューヨーク・タイムズ紙は地域別の比較も報じた。特にオハイオ州東部を含む「アパラチア地方」と米南西部で、2000年代初頭以降に薬物の過剰摂取での死亡が急増し、都市部を抜いた点を指摘している。

いまアメリカで何が起きているのか。第3章は、デイナの話から始めたい。

無関心層からリーダー格へ

日々の暮らしのため、子どもを育てるため、複数の仕事を掛け持ちしている人は日本にも多い。アメリカも同じだ。

大統領選の激戦区オハイオ州。同州東部のトランブル郡で、トランプ支持者の代表を務めるデイナ・カズマークもそんな１人だ。彼女の選挙戦への没頭ぶりは地元でも有名。トランプ支持者の間で一種の尊敬を集めている。

トランブル郡は、今回の大統領選で何かと注目を集めた。ブルーカラー労働者が多く、労働組合員も多い。そのため民主党候補が常に勝つエリアなのに、トランプは大統領選でひっくり返した。その原動力になったのが、デイナのような、かつての無関心層、そして元民主党支持層の取り込みだった。

デイナには4～19歳の４人の子どもがいる。母親の手も借りて育ててきた。昼間は喫茶店で、夜はバーで働く。大統領選で忙しくなるまでは、ホテルの客室清掃員や食肉包装などの仕事も掛け持ちしていた。

私が最初にデイナに会ったのは２０１６年3月25日の金曜日。「どうしても面会してほしい」と電話で取材を申し込むと、「夜はバーで働いているから飲みに来たら」と返事が来た。

バーは、トランブル郡のジラード(Girard)という街にあった。デイナは店内を忙しそうに駆け回っていた。20人ほどの客の注文をとり、飲み物や食事を運び、精算もして雑談にも応じている。店内は全員白人。入店すると、すぐに気付いたデイナが笑顔であいさつしてくれた。気さくで初対面なのにそのように感じさせない。

あまりに忙しそうなので、私はカウンターから、デイナの仕事ぶりを眺めていた。カウンターに座っている客は、ジーンズにTシャツ、ジャンパーといった格好の男たちだ。ゴム手袋を後ろポケットに入れていたり、つま先に防護鉄が入ったブーツをはいていたり、かばんにヘルメットがついていたり、ブルーカラーの労働者たちであることは一目でわかる。デイナは客の全員を知っている。客をファーストネームで呼び、「(注文は)いつものやつでいい?」などと聞いている。この日の取材はあきらめた。食事を済ませて帰ろうとすると、デイナが声を掛けてくれた。「日曜も街にいる? イースター(復活祭)だから私の実家にハムを食べに来ない?」

デイナの実家は郊外の平屋だった。アメリカでは平均的なサイズ。親族だけでなく近所の人も集まり、部屋はいっぱい。ハムとハンバーガー、ポテトサラダをごちそうになった。デイナは4人の子どもを連れてきていた。長女には3歳の娘がいるという。デイナにとっての孫だ。たばこを吸いながら話そうというので、外に出て座った。この話からは、トランプ支持者の境遇、思いのほか、政治に興味のなかった人が選挙戦に没頭するまでの経緯もわかる。大げさかもしれないが「草の根の民主主義」の姿も見えてくるかもしれない。

身の上話

私はデイナ。ブルックフィールド(Brookfield)という街で生まれました。この街を出たことはありません。

地元のブルックフィールド高校を卒業後、母が店長をしていた食堂を手伝うため、一緒に働き始めました。80号線沿いのトラック・ショップの食堂。大きな駐車場があって、鉄筋などを運ぶ長距離トラックの運転手がメインのお客さんでした。

「Jib Jab(ジブ・ジャブ)」って知ってますか？　知ってるわけないですね、地元で人気チェーンのホットドッグ店です。

私は常連客の名前を覚え、必死に働きました。働くのは好き。ジッとしているよりも、お客さんと話している方が楽しい。それに食堂で給料をもらい子育てしてきたのだから。高校卒業後の私の人生は、半分が子育て、半分がジブ・ジャブでした。

ところが２０１２年10月、私が勤めていた店が閉店に追い込まれたんです。トラックの交通量の激減が理由。私が働き始めた90年代から、既に製鉄所は次々と閉鎖され、少しずつ客

デイナが高校卒業後16年間働いていたホットドッグ店「Jib Jab」の別店舗

は減り始めていました。16年間も勤めた食堂が閉鎖され、母と同時に失職しました。人生の半分を過ごした場所。閉店はショックでした。でも気付けば、高校時代の友人の4割は街からいなくなっていた。みんな仕事を求めて街を去っていたのよ。職を転々とする子も多い。私はまだラッキーなほうだったのかもしれません。

この街で若者が明るい将来を描くことは難しい。わずかに残る製鉄所で仕事が見つかればいいけど、それ以外の働き口は、飲食店か小売店、病院しかない。私は血液が苦手なので病院はダメ。だから今も、喫茶店とバーで週末も働いています。賃金が低いから、どうしても長時間労働。ワーキング・プアってやつです。

そろそろ弟の話をします。

弟はヘロイン中毒で2012年に死んでしまいました。33歳でした。生まれは私と15カ月違いで、親友のように育ちました。一緒に高校に通い、それぞれのパートナーを連れて高校のプロム(ダンスパーティー)にも行ったわ。ホントにいい思い出(涙ぐむ)。高校卒業後は製鉄所で溶接工として働き始め、家族の中で誰よりもいい給料を稼いでいたから、かっこよかったです。

ところが、製鉄所が閉鎖になり失職した。２００８年のこと。彼が悪いんじゃない。再就職がうまくいかず、引きこもりがちになりました。その頃だったみたい、ヘロインを手放せなくなったのは。仕事があれば誰もヘロインなんかに手を出さない。詳しいことは、わからない。彼からかかってくる電話の本数が減っていたので、失業で落ち込んでいるなとは気付いていたけど、まさかそこまで深刻だったとは。手遅れでした。

弟が死んだのは、食堂が閉鎖になり、母と私が失業した5日後でした。この街から仕事がなくなった影響で、弟も母も私も仕事を失い、弟は死んでしまった。その衝撃が、たった5日間に集中して起きたのよ。今でも信じられません。

失業でぼうぜんとしている時に、家族から連絡が入ったんです。「家族に不幸があったから病院に来なさい」と。てっきり年配の父のことと思い込んでいたら、次の電話で弟と知らされた。今でも夜に携帯が鳴ったり、サイレン音を聞いたりすると、あの晩を思い出す。

弟は、実業家ドナルド・トランプの大ファンでした。高校時代に「誰に大統領になって欲しいか」というテーマで作文の宿題があった。私は映画『プリティ・ウーマン』の主演ジュリア・ロバーツで、弟はトランプで書いて見せ合ったのよ。おもしろい作文だった。この国ではビジネスで成功した人は尊敬される。特に弟はトランプが好きだった。いつか握手したい、彼のように成功したいとも書いていました。

私はそれを覚えていたので、トランプが出馬を表明した時は驚きました。演説に聴き入った。弟が生きていたら喜んで、選挙戦を必死で手伝うだろうって思ったのよ。実は陣営の正規ボランティアになる前から私は勝手にあちこち電話を始めました。「ねえ、あなた、あの演説聞いた？　トランプのことよ。聞きなさいよ、普通の候補じゃないから」って。

彼は実業家。いろんなことを言う人がいるみたいだけど、きちんと人と資金を管理して、会社を成長させた。それって国の指導者に最も必要な才能でしょ？　きちんとアメリカを運営し、私たちのような庶民が働ける国にしてくれる人が必要でしょ？　まあ、私はもう自分のことをミドルクラス（中流階級）とは思っていないけど。

デイナを立ち直らせた演説

私はこの晩、宿でトランプの出馬演説を聞き直してみた。

「私たちの国は深刻な問題を抱え込んでいる。かつて連勝したアメリカが負けてばかりだ。最後にアメリカが勝ったのはいつだ？　中国との貿易交渉はどうなった？　日本を相手に何かで勝てたか？　東京で（アメリカ車の）シボレーを最後に見たのはいつだ？　シボレーなんて東京にはないんだ。日本はいつもアメリカを打ち負かす」

「アメリカの本当の失業率は18～20％。（政府統計の）５～６％なんて信じてはいけません。仕事が得られないのは、仕事がないからですよ。中国やメキシコが私たちの仕事を取っているのです。みんなが私たちの仕事を奪っているのです」

「私は、神が創造した中で、仕事を生み出す最も素晴らしい大統領になります。私は、雇用を中国やメキシコ、日本から取り戻します」

「アメリカの自由貿易の交渉人たちはバカで、利益団体に操られているのです」

「アメリカに薬物と犯罪が持ち込まれています」

デイナの心に響いたであろうフレーズがいくつも盛り込まれていた。評論家が「トランプの演説は現状への批判やスローガンばかりで、具体的な解決策を示していない」といくら指摘しても、とにかくデイナは、この演説に希望を感じた。この日からデイナは立ち直ったという。

選挙戦の取り組みも語ってくれた。

正直に言えば、政治への関心など、弟の死まではゼロでした。選挙運動が初めてなのではなくて、そもそも投票すらしたことがありませんでした。そんな私がトランプの応援を始めたんです。

子どもを朝バスに乗せて学校に送り出したら、コーヒーを入れて電話開始。(オハイオ州東部の)トランブル、マホニング、コロンビアナの3つの郡が私の担当。ペンシルベニアとの州境に縦に隣り合っている3郡です。こんな具合に電話を掛けるんです。

「私の名前はデイナです。トランプを応援しています。あなたの支持も期待していいですか？」と、まず聞きます。相手が「まだ決めていない」と言えば、「私に何かお手伝いできますか？」「関心のあるテーマは何ですか？」と質問する。関心テーマがあれば、トランプの立場を説明します。

しっかり話せた人は、トランプの魅力がわかったと言ってくれます。「私との会話に時間を費やしてくれて、ありがとう」とか、「ボランティアであなたがこれだけの時間を割いているという事実だけで、もう十分。それだけの魅力があるのでしょう、私もトランプに投票します」とか言われると、やりがいを感じるわ。1日に11時間も電話したこともある。ボランティアの活動実績は陣営のコンピューターに残るようで、驚いた人もいるみたい。

予備選前には、選挙事務所に詰めたり、自宅やお店で支持者集会を開いたりもしました。うれしかったのは、「ずっと民主党だったけど、どうやったら共和党に投票できる？」と質問する人に多く出会えたこと。従来の民主党支持者たちが、トランプを応援するために共和党に流れてきているんです。

予備選が終わるまで、私の携帯はずっと鳴りっぱなし。出られなくても必ず掛け直した。カナダから「応援したい」なんて電話を掛けてきた人もいて笑っちゃいました。

予備選では、私が担当した３つの郡でトランプが勝った。それがホントにうれしくて、ますます夢中になった。電話作戦のターゲットは州外にも及びます。ハワイ、メリーランド、アリゾナ、ウィスコンシン、アイオワ、ワシントンなどに電話を掛けてきました。

選挙の楽しさを学びました。これまで勉強に興味なんてなかったけど、いま授業をとろうと探し始めています。政治学っていうの？　コミュニティーカレッジの講座なら、少しずつ学べそうだし。遅くとも大統領選が終わったら、始めたいです。将来は、自分も地元の選挙に出てみたいな、そんなことまで考えるようになりました。

デイナの取材をゆっくりできたことはほとんどない。初日はイースターとたまたま重なり、実家で取材できたが、その後はほとんど勤務時間の合間だった。午前９時から午後３時までは喫茶店で、終わるとバーに移って深夜まで働く。週末も同じような働きぶりだ。

華やかな党大会

トランプが正式に大統領候補に指名された2016年7月の共和党全国大会には、デイナも「産業政策の失政の被害地域の1人」として招かれた。選挙戦への貢献が認められた結果と知らされ、涙が出たという。ステージからは遠い席で華やかな党大会を眺めた。わずか1年前までトランプを「よそ者」「異端者」として煙たがっていた共和党が、目の前でトランプ候補の誕生に沸き立っていた。

トランプは受諾演説で、こう強調した。

「毎朝、私は全米で出会った、これまでなおざりにされ、無視され、見捨てられてきた人々の声を届けようと決心している。私はリストラされた工場労働者や、最悪で不公平な自由貿易で破壊された街々を訪問してきた。彼らはみな「忘れられた人々」です。必死に働いているのに、その声は誰にも聞いてもらえない人々です。私はあなたたちの声です」

トランプが共和党候補に正式指名された党全国大会(オハイオ州クリーブランド)

会場からトランプ・コールが湧き起こり、「USA」コールが続いた。デイナは、トランプが自分たちのことを語ってくれていると感じ、仲間と抱き合って喜んだ。

独り者だからやっていける

デイナが高卒後に16年間勤めたホットドッグ店の常連客の1人が、トラック運転手のディーン・シェルボンディー(50)＝ペンシルベニア州グリーンビル(Greenville)在住＝。大のトランプ支持者だ。

トラック運転手として街の衰退を見てきたディーン・シェルボンディー

私はペンシルベニア州シャロン(Sharon)のバーで、ディーンに出会った。

鉄鋼専門の運送業者。80年代から超大型トレーラーでペンシルベニア州ピッツバーグ界隈の製鉄所から各地に鉄を運んだ。それらが各地の工場で加工され、「メイド・イン・USA」の車や冷蔵庫になった。時代をさかのぼれば、アメリカの繁栄を象徴する、ニューヨークのエンパイアステートビルやブルックリン橋にもピッツバーグの鉄は使われた。この国の繁栄を支えてきたという実感が、一帯の労働者の誇りだった。

「オレが運んだ鉄が何になっているかって？　まあ、今はスープ缶かな」。ディーンは苦笑いして答えた。「大型の製鉄所はどれも閉鎖されてしまい、残っているのは小さな製鉄所ばかりだよ」

父親も鉄鋼専門のトラック運転手だった。助手席が好きだったディーンは、オハイオとペンシルベニアの両州にある製鉄所の名前を幼少期には覚えた。

地元のグリーンビル高校を１９８３年に卒業後、迷うことなくハンドルを握った。父と一緒に運送会社を営み、最盛期には40人の運転手を雇った。トラック１台で年商10万ドル（１１５０万円）。一生働ける仕事だと思っていた。

調子が狂ったのは、90年代。北米自由貿易協定（ＮＡＦＴＡ）の発効（94年）と重なるという。一帯の製鉄所の規模縮小とともにトラックを処分し、最後にディーン１人が残った。

年収は３万ドル（約３５０万円）に減った。「独り者だからやっていける。周囲は失業者ばかりで、みんな仕事探しを諦めているから表に出ず、実際の失業者は国の統計の２倍はいる」

グリーンビルは貨車製造で知られた街だったが、跡形もなくなったという。

トランプを支持する最大の理由は、メキシコや中国などとの貿易交渉をやり直し、海外に流れた製造業を取り戻すという公約だ。「大型コンテナ船が満載でアメリカに接岸して、どかんと荷物を降ろし、空っぽで出て行くなんて許せない」

スポンサーのロゴ入りスーツ

製鉄業や製造業に続くかのように、もちろん周辺産業も衰退した。

バーでグラスを傾け、店の近くを流れる川を指した。

「今では想像もできないが、20年ほど前までは川沿いに工場や製鉄所が並び、にぎやかだったんだ。シャロン・スティールなんて立派な工場だったのに」

「オレの地元グリーンビルは今では人口６０００人ばかしの街だけど、以前は10ほどの製鉄所があったんだ。信じられないだろ、グリーンビルの中に10もあったんだぞ」

メキシコや中国との貿易交渉をやり直し、雇用を取り戻す――。ディーンは、共和党の大統領候補となったばかりのトランプのそんな訴えに強く惹かれていた。

グリーンビルでは「ほとんどの人が失業中」という。「結局は雇用だね、雇用が一番の問題だ。仕事さえあれば、だれもドラッグなんてやらないよ。仕事にいかなきゃならないからね」

「若者は仕事がないと大変なことになる。トランプには海外から入ってくる鉄に高い関税をかけてもらって、競争をフェアなものにしてほしいね」

ディーンは最後に、共和党元大統領のブッシュの批判も口にした。

「この国の最大の問題は、職業政治家の存在だ。業界から献金をもらっていて、庶民よりも業界の利益を優先する。政治家にも、レーサーのようなスポンサーのロゴ入りスーツを着用させるというアイデアはどうだろうか？　一目で、あいつは製薬業界の代弁者、こいつは軍需産業の代弁者とわかるだろ？」

ディーンのアイデアに、周囲のトランプ支持者は「最高のアイデアだ」と盛り上がった。

たまたまさびれた街に生まれただけだ

ディーンと同じバーで、フェンス工場の労働者、ロニー・リッカドナ(38)も飲んでいた。

「オレも移民の子だから、トランプの人種差別的な発言には抵抗があるんだ」

ロニーは最初、トランプの言動に問題があると指摘した。祖父は、炭鉱や製鉄で栄えたペンシルベニア州にイタリアから移り住み、炭鉱労働者として一家を養ったという。

「この国はオレのじいちゃんにチャンスを与えた。アメリカは世界の玄関口になる国だから、人種や宗教で差別する大統領では具合が悪いな。キミは日本から来たんだろ？　もし日本の政治がおかしくなったら、アメリカで難民申請すればいいんだ。アメリカは世界の人々を受け入れ、チャンスを与える国だからね」

近くを流れる川沿いにはかつて製鉄所が並んでいたが、グローバル化による国際競争などに敗れて多くが閉鎖・縮小された。工場や住宅の廃墟が目立つ。バーの近くには線路が敷かれているが、もう使われていない。駅舎はレストランに改装されていた。

「オレの勤めるフェンス工場では、世界中から鉄パイプや鉄管を輸入している。びっくりしないか？　この一帯は以前、世界で有数の鉄の生産地だったのに、今ではインドや中国、イタリアから輸入している。この街は地元経済が破壊された「さびれた街」。そう、アメリカのとても悲しい街なんだ」

ロニーは最初「コメディアン」と私に自己紹介した。それを証明したいかのように、「トランプが国境を守れるように頑丈なフェンスを作っている」と冗談を言った。コメディアンになる夢を捨て切れていないようだ。私は迷いに迷ったが、思い切って聞いてみた。

「この街を「さびれた街」と呼ぶぐらいであれば、なぜ引っ越さないのか？　ここでコメディアンになるのは難しいように見える」

ロニーは少し間を置いて「その通りだ。ニューヨークやロサンゼルスのような都会にいるべきだ。でもね、高校時代の友人や家族がオレには大事なんだ」と答えた。

こう続けた。「実はね、何度かここを出たことがあるんだ。でも、いつも気付けば地元に戻っていた。ここは悪い場所じゃないよ、友人も家族もいるから。ただ、暮らしていくにはつらい。たまたま生まれたのが「さびれた街」だったんだ」とグラスを傾ける。時代や生まれた街が違えば、違った人生があったはずだ、と。

トランプ人気の強いオハイオ州トランブル郡にあるブルックフィールド高校を卒業した。18歳の時には「アメリカの将来のリーダーになる人」として同級生に選出され、高校を代表して首都ワシントンで1週間を過ごし、地元選出の議員や政府職員らと懇談もした。

大学でデザインや広告を学んだが納得できる給料の仕事が見つからず、2つ目の大学では、父と同じ航空管制を専攻した。08年に優秀な成績で卒業し、連邦航空局に願書を出した。いずれ雇われると信じ、バーテンダーの仕事をしながら毎年出願し、身体検査も受け続けた。

「で、8年が過ぎて、このありさまさ」。その後、年齢制限ができて出願すらできなくなった。

「年を食いすぎているというわけさ。大学の学費で借金7万ドル(805万円)を背負ったが無駄になった。国に見捨てられた。本当はもう少し気がおかしくなってもいいはずなんだけどな」

成長の見込みのない仕事

6歳の息子を1人で育てている。週5～6日、1日に8～12時間ほどフェンス工場で働く。

「ここから身動きができない。身動きがとれないまま、成長の見込みのない仕事(dead-end job)をやっている。デッド・エンド・ジョブ、デッド・エンド・ジョブ、デッド・エンド・ジョブ、デッド・エンド・ジョブ!!」

ロニーが下を向きながら「デッド・エンド・ジョブ」と4回繰り返し、「ずっとジャンプ(成長)できない」と言った時、途中から同席していたロニーの高校時代の女友達がロニーの背中に手をあてた。

ロニーは続けた。「ここにいる大切な人たちがオレのすべて。ただ息子が高校を卒業したら「この街をとっとと捨てろ!」と、それだけははっきり言うつもりだ」

フェンス工場の労働者，ロニー・リッカドナ

私はロニーの話を聞いていて、10年前に大阪府門真市で取材した配送センター勤務の男性の話を思い出していた。私と同世代(当時20代)で、よく京阪本線門真市駅前のショッピングモール2階の中華料理店で夜定食を食べながら取材させてもらっていた。

半年ほど取材したが、彼は結局、実家のある福井県に帰った。理由は、勤務先がバーコードの読み取り機を導入した影響で、勤続10年近い彼も新人も力量に差がなくなったと感じたことだった。荷物を配送先ごとに振り分ける仕事は、府内の地名や分類が頭に入っていないと効率よくできなかった。かってはそこに経験の差が出ていた。

ところがバーコードが導入されると、機械をピッとかざすだけで振り分け先が自動的に表示されるようになった。上司は、大型の設備投資の成果を強調していたというが、彼は「これで経験が無意味になった。高校生バイトと自分に差が見えなくなった」と落ち込んでいた。

1期4年だけ、任せてみたい

今回の大統領選はどうするのだろう。

ロニーは最初、「ビル・クリントンが最高の大統領だった。ヒラリーでもいいかな、と思うのは、ついでにビルが政治の世界に戻ってくるからだ。オバマも好きだ。他人を攻撃しない彼を100%支持してきた。彼が思うように実績を残せないのは、(共和党多数の)議会の協力を得られないからだ」と答えた。

民主党を支持するようになった理由は、家庭環境にある。

航空管制官として働いていた父が、80年代に共和党のレーガン政権下で解雇された。それまで共和党支持者だった父が「二度と共和党候補には投票しない」と神様に誓っていたのを覚えている。父はスクールバス運転手や工場労働者として何とか家族を養った。そして92年の大統領選で、ビル・クリントンが勝利し、民主党政権に戻ると、父は航空管制官として再就職できた。以来、家族はそろって民主党支持に定着したという。

ロニーも選挙権を得て以降、いつも民主党の候補を支持してきた。

「でもね、今の暮らし、街のことを考えると、今回はトランプもおもしろいかもな、と思ってしまう。彼はオバマと正反対で下品なヤツだ。でも、思っていることを正直に言う。これが魅力なんだ。もちろん、正直に言いすぎるから、海外との関係を壊してしまう心配もある。でもね、この地域のためにできることなんて、誰が大統領になってもほとんどない。だったら、トランプみたいな男に4年間限定でやらせてみるのもいいんじゃないかと。一度やらせてみて、何ができるかを見てみたいという気持ちだ。この地域には大きな変化が必要だから」

私は、オバマとトランプは多くの点で正反対で、両方を支持するなんてあり得ないと思っていたが、ロニーの話を聞いていて、見方は変わった。ロニーが最後に言った。

「今回はトランプに投票するよ。あいつは権威ある相手にもひるまず、やり返すカウボーイ。ホンネむき出し。エリートが支配するワシントンを壊すには、そのぐらいの大バカ野郎が必要だ。１期４年だけ、任せてみたい」

時計に目をやると夜10時近い。翌朝も工場でフェンスを作る。「トランプが言っているだろう。メキシコとの間にフェンスが必要なんだ」

最後も冗談を言って帰って行った。

旅の話に夢中になる男

オハイオ州ジラードのバーにいた溶接工のトマス・ビガリーノ(42)に声をかけてみた。大統領選の話を期待したが、最初の30分は彼の海外旅行の話だった。

「聞いてくれ、オレのバケーション(長期休暇)の話はすごいぞ、つい1週間前の話だ」

トマスが携帯電話に保存された写真を見せてくれた。水上のジェットスキー中の写真だ。

「これ、オレだよ、すごいだろ、高さ5メートルぐらいまで跳ね上がるんだ。どこで撮影したかわかるか? バルバドスだ、天国みたいな場所だった」

バルバドス。カリブ海、西インド諸島の島国だ。聞いたことはあったが、行ったことはない。そう答えると、トマスはスマホに地図を出して、位置を解説してくれた。

「この写真もすごいだろ、100枚ぐらい撮ったぞ」

夕日が水平線に沈む写真が大量に保存されている。確かにきれいだ。

「こんな写真、誰でもいくらでも撮れる。目をつむって、シャッター押せば、こんな写真になる。いや、ホントに天国だった」「パスポートを作って良かったよ、オレ、ホントにバケーションで生き返ったんだ。バケーションが必要だったんだ」

隣で、話の半分ぐらいを何となく聞いていた女性がつぶやく。

「へえ、私もパスポート作ってみようかなあ」

「作りなよ、街の外に出ることはいいことだよ、オレ、ホントにバケーションで生き返った、必要だったんだ。バルバドスの漁師はいいやつらでさ、釣った魚を目の前でさばいてくれて、すぐに食べ始める。これがうまいんだ」

旅の話をするトマスは少し興奮気味だった。私は「オレにはバケーションが必要だった」という言い方が気になった。

42歳で初めて無保険に

トマスの携帯電話には、職場の写真も保存されていた。人間の背丈の2倍ぐらいの太さのパイプが写っていた。そこで男性が何やら作業している。トマスが自分の仕事を説明してくれた。

「ここに写っているのがオレだ。ガスの大型パイプラインを屋外で溶接している。きつい仕事だぞ、毎晩、疲労で手を握ることすらできなくなる。こうやってグーにして握れなくなる。手が痛む、毎晩痛む。もうこれ以上、働けないって思って、やっと休暇をとってバルバドスに行った。あのときのオレには、バケーションが必要だったんだ」

これまでパスポート不要のカナダには行ったことがあったが、本格的な海外旅行は42歳で初めてだった。トマスの話は、いまの暮らしへの不安に移った。

「キミは保険に入っているか？　そうか、日本の人はうらやましいな。オレはこんなに働いているのに、勤務先が掛け金を払えないと言い出して、ついに無保険になった。もう42歳だろ、心配だよ。いつ病気になるか、わからないじゃないか。42歳にして人生初の無保険だよ」

するとテーブルの反対側に座っていた、酔っぱらった白人の中年男性が話に入ってきた。

「オレの勤務先は宅配便の配送センターだが、保険は最高だ。病院に行くことも心配にならない。大企業だから独自の保険を運用しているんだ」

トマスがうらやましがると、男性は肩を落とした。「でも時給は13ドル（約１５００円）。ここ数年間は上がっていない。保険はいいが、（ほかの仕事にくらべると）時給は低いんだ」


トマスは自分の話を続けた。「オバマケアの責任だ。掛け金が跳ね上がり、勤め先が保険をカットした。被害に遭ったのはオレだけじゃない」

オバマケアとは、オバマ政権の下で始まった「国民皆保険」をめざした医療保険制度改革。政権は「２０００万人の無保険者が救済された」と実績を強調してきたが、２０１７年の保険料が2割以上、上がるとの試算が大統領選の直前に発表された。地域によっては2倍以上に跳ね上がるケースもあるという。低所得者への支払いが急増したことなどが背景にあるようだ。

トランプは選挙期間中、代替策を具体的に示すことなく、ひたすらオバマケアの即時撤廃を公約に掲げていた。トマスはこの撤廃方針を熱烈に支持していた。

トマスは、州立大学で経営学の学位を取得したが、「ちっとも活かせていない。もし20年前に自分の人生を巻き戻せるなら、自動車整備とか溶接とか、もっと自分の手を使ってやる技術を身につけたかった。まさに今、毎日やっていることをきちんと学びたかった」

学費の返済残高は今も8万ドル（920万円）。毎月700ドル（約8万円）の返済に苦しむ。

「42歳でまだ、役に立たなかった学位の取得費用の返済に苦しんでいる。子どもの養育費、食費、ガソリン代、時々の飲み代を払うと、手元にほとんど残らない。笑い話じゃないんだ」

「学生は大学に通って、借金をつくり、肥えるのは大学だけ。学位なんてフェイク（偽物）だ」

「トランプに何を期待するか？　アメリカを再び偉大にしてくれりゃ、それでいいんだ」

8カ月間で142社に落ちた

オハイオ州ヤングスタウン。私がいつものバーでカウンター席につくと、目の前にウイスキーのショット3杯が並んだ。見覚えのあるカウンターの男性客たちがニヤリ。前回も一緒に飲んだ面々からのおごりだ。この街では、よそ者はなかなか自分で払わせてもらえない。

ウイスキーは、カナダのブラック・ベルベット。

どこでも同じだが、出された酒をおいしそうに飲み干すと、周囲は大喜びしてくれる。今日は、ホテルまで送り届けてくれる約束を友人に取り付けていた。思い切り飲んだ。酔いが回る。隣に座っていた大柄の男性が「スロッピー・ジョーは好きか?」と話しかけてきた。牛ひき肉をトマトソースなどで味付けしてバンズ(パン)ではさむアメリカの家庭料理だ。この男性の奥さんが作ってくれたらしく、食べろ、食べろと言う。

常連客のビクター・ヘルナンデス(49)は満足そうに「さあ、今日はどのトランプ支持者の話を聞きたい? 本日のオススメはミスター・ジノ・ジオッポだ」と言った。

野球帽をかぶったジノ・ジオッポ(32)は満面の笑みであいさつしてくれた。丸太のような腕の太さだ。ジノは立ち上がって「別室でやろう」。どうやら本気でしゃべってくれそうだ。

「この8カ月間で142社に応募したというのに仕事が見つからない。必死に探しているのに。このままじゃ、この街を出るしかないと思っている。現金がなくなってきたから、家も売り払った」

さっきまで陽気だったジノが真剣に話し始めた。

2016年1月28日に9年間勤めた天然ガス採掘会社を「自主」退職した。運用管理者だったが、原油価格の下落に連動し、年収の半減を一方的に通告された。

オハイオ州東部やペンシルベニア州などにまたがり、全米最大のシェール層ともいわれるマーセラス・シェール層の開発に携わり、業績を伸ばしてきただけに減給には納得できず、選択解雇を選んだ。解雇手当は「わずか2万ドル(230万円)だった」と悔しがる。

工場の廃墟，ヤングスタウンにて

ヤングスタウンで民主党員の両親に育てられ、州立大学を2007年に卒業。そのまま天然ガス採掘会社に就職した。地元では誰もがうらやむ人生が暗転したのは、国際的なエネルギー価格の低迷だった。なすすべがなかった。

家族も含め、民主党の候補以外に投票したことはなかった。このエリアの人がよく使うフレーズだが、ジノも「民主党員として生まれ育った」と自己紹介した。しかし、今回は初めて共和党のトランプに投票すると決めた。

「オバマの民主党外交は弱腰だ。共和党政権なら、こんな原油価格の暴落を許さない。ブッシュ政権ではこんな事態になったことはなかった。OPEC(石油輸出国機構)がアメリカ経済を意図的に破壊したんだ。トランプならヤツらの破壊行為を止めてくれるはずだ」

ジノはエネルギー産業が盛況だった当時を懐かしそうに振り返った。日当は最高で700ドル(約8万円)に達した。ベテラン技術者には日給1500ドル(約17万円)という先輩もいた。この業界でやっていこうと心に決めていた。

「労働者にカネが入れば、街が潤う。一泊79ドル(約9000円)のホテルが改装して300ドル(約3万5000円)になった。夜の街ではストリッパーも稼ぎまくっていた。みんな笑顔だったのに」

トイレに席を立ったジノが言った。

「でも、オレはビル・クリントン(元大統領)は好きだぞ。アーカンソー州の貧困家庭から這い上がってきた男だ。ヒラリーに言っておいてくれ、『ビルを副大統領にするなら、支持してやる』ってな」

ニューヨークは最高の街よね

トイレから戻ってきたジノが、ガールフレンドで、サンドイッチ店員のミシェル・ローリー

(27)を紹介してくれた。彼女もトランプ支持者という。「彼女の話も聞いてやってくれや」

ミシェルの実家は、ヤングスタウンで約40年続くサンドイッチ屋だ。彼女も高卒後ずっと店で働いてきた。彼女の話は、「学歴社会」への疑問と批判だった。

「祖父がサンドイッチ店を成功させたの。でも実は、彼は大学を追い出されたのよ。成功に学歴なんて関係ないのよね。彼を見ていて「人生っておもしろい」って思い、大学に進むのはやめた。祖父は「大学費用は出す」と言ってくれていたけど断った。スモール・ビジネス(自営業)の一家に育ったから、実業家のトランプに惹かれているのだと思うわ」

ところが飲みながら話していると、今の暮らしぶりへの迷いを語り始めた。

「毎朝、お店に行くでしょ。まずはサラダを作るの。ゴミ出しもする。あれもこれもする。でもね、何かにイライラするのよね。ビジネスは成功？　そうね、でも何も達成していない気もする。私がやっているのって、クソみたいな肉体労働なんじゃないのって？」

「父は15歳から働いている。私よりもずっと早い、毎朝６時に店に出て、フレンチフライを揚げる。いま59歳。ずっと早起き、毎日毎日よ。勤労者なの。でも、そんなこと誰も知らないんじゃない？　わがままな人ばかりだから、この国は。大統領もそんなこと興味ないでしょ？私の１票にどんな意味があるのかも、実はよくわからないの」

ミシェルは一気にしゃべった。そして続けた。

「店では大学生も雇っているけど、時給8ドル(920円)以上は払えない。それだけの価値がないのね。怠け者で、ゴミの出し方から教えないといけない。でも、そんな彼らが卒業証書を手にすると、途端に価値が上がるって本当？　ウソでしょ、冗談でしょ」

「アメリカって結局はみんながだまし合っているんじゃないのって思う。ジノの話を聞いたでしょ？　彼も州立大学を卒業しているのに、いまの稼ぎはゼロ。大学なんて若者に借金させてカネ稼ぎしているだけじゃないの？　いまの私には何が正しいのかわからないの」

ミシェル(手前)とジノ

ミシェルは私が差し出した「ニューヨーク支局員」との名刺を見て言った。

「私、世界で一番ニューヨークが大好き。毎年1回はバスで行く。ここから片道40ドル(4600円)ぐらいでいけるのよ。タイムズスクエアのブロードウェー。別に買い物するわけでもなく、ただ歩くの。高層ビルを見上げるでしょ、ネオンが明るいじゃない。人の数もすごい。どの街角にもパン屋さんとコーヒー店。あの街で私は生きているって全身で実感するのよ。恍惚とさせる街よ。大都会にいると自分が小さく感じるけど、同時に将来は大きく見える。わかる？　小さな自分に達成するべきことがたくさんあると思えるの。そう、希望があるのよ」

「でも、私にはニューヨークで暮らすチャンスがなく、この「ひどく汚い場所」で暮らし、家族のために一生を捧げているのよ」

酔っているためなのか、言葉遣いが激しくなっている。しかし、髪の毛をかきあげて笑顔を見せた。

「実は親友がニューヨークで暮らし始めたばかりなの。野球場で物販の仕事を見つけ、ブルックリンの家賃負担７００ドル(約８万円)の家でルームシェアしているって。それってニューヨークでは手頃でしょ？　私は「最高じゃない！」って言ったわ」

「彼女が遊びに来いって誘ってくれたの。もし私にも仕事が見つかるなら、胸をドキドキさせて、ここを出て行くわ。ニューヨークは私にとって最高の街なのよ」

ここまで話して彼女は立ち上がり、バーに戻っていった。

取材メモを整理してからバーに戻ると、ミシェルとジノは肩を寄せ合ってビールを飲んでいた。私も、ブラック・ベルベットに手を伸ばした。

ヤングスタウンでは廃屋が目立った

第4章
没落するミドルクラス

第1章~3章で通称「ラストベルト」のど真ん中、オハイオ州とペンシルベニア州のトランプ支持者を伝えてきた。第4章では、ミシガン州やインディアナ州など他のラストベルト地域に加え、南部サウスカロライナ州やフロリダ州、それからニューヨーク州やニューハンプシャー州の街々にも視点を広げたい。

まじめに働いてきたのに以前のような暮らしができない。子どもの頃には家族そろって毎年旅行に出ていたのに、大人になった自分は月末にお金の心配ばかりで、長期休暇を楽しむこともできない。ミドルクラス(中流階級)から没落しそうだ。

そんな不安や憤りは各地に広がっていた。憤りは党派性のものではない。トランプ支持者には共和党員も元民主党員もいて、共通するのは「エリート政治家がミドルクラスの暮らしを犠牲にしてきた」という憤りだ。共和党の名門ブッシュ家、民主党の名門になりつつあったクリントン家。どちらにも強い拒絶感を示す人々に出会った。

「嘆かわしい」事件

製鉄業や製造業などの主要産業が廃れた「ラストベルト(さびついた工業地帯)」の取材を続けていて、どうしても行きたいと思っていたのが、ミシガン州デトロイトだ。アメリカを代表してきたものづくりと言えば、やはり自動車産業だろう。

「自動車の街」デトロイトに行くチャンスが巡ってきたのは、２０１６年9月30日の金曜日。トランプがデトロイト郊外のノバイ(Novi)で集会をするという。

集会は午後5時スタートなのに、私は正午過ぎに到着した。ちょっと張り切りすぎたかなと思っていたが、それ以上に張り切っていたのはトランプ支持者だった。既に数百人が小雨の中、行列を作っていた。

取材を始め、すぐに驚いた。民主党候補クリントンが9月9日夜、トランプ支持者に向けて発したある言葉が支持者の反発心に火を付けていたのだ。

クリントンは、トランプ支持者の「半数」は人種差別や男女差別主義者など「デプロラブル(deplorable)な人々の集まりだ」と発言。あとで、後悔を口にしたが、遅かった。

嘆かわしい、惨めな、という意味の言葉だ。トランプの支持者同士が「あんたも惨めだな」とビールを飲みながら言い合う分には笑い話で済む。でも、長年中央政界にいて、ウォール街での1回の講演で数千万円を稼ぐクリントンには言われたくない。弁護士、大統領ファーストレディー、上院議員、国務長官。誰もが羨むキャリアを積み、常にスポットライトを浴び続けた人間には、庶民の気持ちなどわからない。クリントンへの、そんな憤りが蔓延していた。

その言葉を発した場所も悪かった。ニューヨーク・マンハッタンでの資金集めパーティーだったのだ。クリントンにとっては自らを上院に送り出してくれている地元でも、アメリカの大半の国民にとっては眩しい大都会。あこがれつつも、「あそこはアメリカではない」と反発心を持つ人もいる。そんな街での「資金集めパーティー」だった。この言葉にも、資金を提供できる富裕層だけを集めた場という響きがある。

動画で見てみると、彼女はこう発言していた。

「おおざっぱに言ってしまえば、トランプ支持者の半分は、私が「惨めな人々のバスケット」(the basket of deplorables)と呼ぶ場所に入れることができます」。会場からは笑い声と歓声があがり、クリントンが「そうでしょ?」と言うと、賛同を示す拍手も起きた。トランプ支持者からは、クリントンが惨めな自分たちをマンハッタンの金持ちの前で笑いものにした、と受け止められた。

クリントンはその後、「人種差別主義者、性差別主義者、同性愛嫌悪者、外国人嫌い、イスラム恐怖症、その他なんでもあり。残念ながらこういう人たちは存在するのです。そして彼(トランプ)はそういった人たちを助長させてしまった」と続けた。クリントンが「惨め」と呼んだのは、差別主義者や外国人嫌いの人々のことだったのだろう。

真意はどうであれ、「クリントンがトランプ支持者の半分を「惨めな人たち」と呼んだ」として広まった。保守系フォックスニュースは「失礼な発言」として報じた。

「トランプ党」の支持者

私がデトロイト郊外の集会を取材したのは、この発言から約20日後だったが、「デプロラブル(deplorable)」はトランプ支持者の間で大流行していた。なかばスローガンのようになっていて、支持者たちの結束を高めていた。

「私は惨め」と胸に入った緑色のTシャツ姿のフランク・メルシッカ(58)は、私がカメラを向けると「惨めで悪かったな」とすごんで見せた。

背中全面に「私は惨め」と手書きしたTシャツ姿の女性も「ぜひこの屈辱を日本に伝えて欲しい」と写真を撮るように勧めてくれた。この女性は「女性だからヒラリーに投票するとは期待しないで。庶民を見下す「エスタブリッシュメント(既得権層)」の候補者は支持したくない」と強調した。周囲もうなずいている。

この日、私が出会った中で、最も怒っていたのは、元病院勤務の女性サンディ・アルバレズ(67)だった。最前列から20番目ぐらいの位置にいる。午前8時から5時間も行列に並んでいるという。

「働いても、働いても賃金が伸びない暮らしが「惨めな」ことぐらい、私たち本人が一番わかっています。20年以上もワシントン政界にいるヒラリーにだけは、言われたくない。だってヒラリーには、労働者の暮らしに一定の責任があるでしょう」と怒りに震えていた。
アルバレズは自らの「惨めな」暮らしを語り始めた。

私はデトロイトに生まれ育ちました。父はデトロイトの警察に勤める巡査部長で、普通のミドルクラスの家庭でした。
今は夫と、カントン(Canton)というデトロイト郊外の街で暮らしています。私はオークランド病院で食事療法に取り組む仕事を数年前に退職。私よりも17歳若い夫は、デトロイト郊外ウォーレン(Warren)にある、トラックの座席工場で管理者として働いています。

「私は惨め」と胸に入ったTシャツ姿のフランク・メルシッカ

女性の背中にも全面に「私は惨め」

夫はつい先日、監督責任者に昇進しました。がんばって働いているのです。昼の3時半まで寝て、毎日夜勤に行く。普通の人と逆転の暮らしは大変です。トランプの大ファンだけど、今日も仕事があるから集会には来られません。

私たち夫婦は共働きでやってきました。それでも毎月の請求書を払うので精いっぱい。月末になると自由に使えるお金が残っていない。貯蓄にも回せません。

「惨めなことぐらいわかっています！」と
元病院勤務サンディ・アルバレズ(右)

これまでの人生で、今のようにお金の心配をして暮らしたことは記憶にありません。お金のやりくりを真剣に考えながら暮らすのは、67年間の人生で今が初めて。信じたくありません。だって別に怠けているわけじゃないのですから。

かつてのデトロイトでは、どこの家庭も休暇には旅行に出ていました。それがアメリカの一般家庭の暮らしでした。70年代、80年代は私も毎年のようにラスベガスに遊びに行って、お金のことなんて心配せずに、おいしいものを食べて、豪華なショーを楽しんでいた。それがもう今はできなくなった。当時の夫はUPS(United

Parcel Service, 宅配便会社)に勤めていたんです。何を言いたいか、わかりますか？　私、別に富豪と結婚していたわけではないんです。私はずっと普通のミドルクラスでした。

ところが、もう旅行に出られなくなって久しい。この街にずっと閉じ込められています。夫の勤める自動車関連産業はやっと活気がでてきたというのに、昨年はまったく昇給がなかった。企業はもうかっても、労働者には利益が回ってこない。私にとっては、今のように自分が金銭的にぎりぎりの暮らしをしていること自体が奇妙な感じがします。それを思うと、イライラしてしまう。

もうデトロイトにはミドルクラスはほとんど残っていないと思います。20年ぐらい前からでしょうか、どんどん暮らしがきつくなった。かつてのミドルクラスは、ごく一部だけが上に這い上がり、残りの大半は下に落ちました。私は間違いなく下に落ちた大勢の中の１人。ここに並んでいる人も多くはそうだと思います。

アルバレズは今回初めて選挙に関心を持った。これまで候補者の演説を熱心に聞いたり、集会に足を運んだりすることはなかった。今回、トランプが民主党で立候補していれば、民主党のトランプを支持するという。「政党なんてどっちでもいいのよ、私は「トランプ党」の支持者よ」と笑い飛ばす。夫にも大きな変化が起きた。長年の民主党支持だったが、今回はトランプを応援するために共和党支持に変わったという。

第1章から第3章までに紹介したオハイオやペンシルベニアの人々とそっくりだ。

組合員も登壇

トランプ陣営もクリントンの「失言」を逆手にとる。トランプは演説で「誰が惨めだって？ここのみんなだよ」とあおる。会場では「「惨めな」トランプの支持者であることを誇りに思う」とプリントされたTシャツが飛ぶように売れていた。

集会では、労働組合員も登壇し、クリントン批判を展開した。彼はこう訴えた。

「もし皆さんが、ブルーカラー労働者で、組合員で、今回の選挙で誰に投票するべきか迷っているのであれば、これだけは言わせて下さい。ヒラリー・クリントンは思い上がったエリート主義者です。皆さんの苦労など何も気にしない政治家です」「党派性の強い投票行動をやめる時です。今こそ、ブルーカラーのための候補者、ドナルド・トランプを当選させる時です」

「惨めな」グッズは飛ぶように売れていた

この訴えに会場は沸いた。私は、トランプが「ブルーカラーのための大統領」になるとは思えない。自分のホテルなどのために働いてきた業者との間にいくつもの訴訟を抱えてきており、とても庶民の暮らしを尊重する人物には見えない。一方のクリントンは法科大学院に在学中、貧困問題や人種差別問題に取り組み、その後も子どもの権利のために働いた。今回の大統領選でも中間層の底上げをめざし、富裕層への増税など再分配政策を示した。口先だけでなく、実際に行動が伴っていた。

それでもトランプ支持者の間では、クリントンには「エリート」「傲慢」「カネに汚い」とのイメージが定着し、トランプには「既得権を無視して庶民を代弁できる」という期待が高まっていた。これはどこに行っても同じだった。

私、組み立てラインが分解されるのを見ました

トランプ集会の会場でも、元民主党支持という夫婦に出会った。

看護師のリアン・フェイバー(58)は話し始めた。

「実は私、ペンシルベニア州のトレイン(Trane)社のエアコン工場で働いていたことがあって、見ていたんです。組み立てラインが分解されて、ドアから運び出されるのを。メキシコへの移転が決まって失職しました。ちょうど北米自由貿易協定(NAFTA)の前後のことです」

リアンは今でもその光景をはっきりと覚えているという。

「私、組み立てラインにいたんです。メキシコから大勢の視察がやってきて、ラインをいろいろと見ていました。その1週間後ぐらいですよ、ラインの分解が始まったのは。私の目の前で。上司に言われました。「工場はメキシコに移るので閉鎖される」と。400人ぐらいが働いていました」

工場閉鎖を目撃してきたフェイバー夫妻（ミシガン州デトロイト郊外）

「実は当時、すでに看護学校に通い始めていたんです。周辺でも別の会社の組み立て工場がどんどん海外移転していたので、いずれ自分の身にも降り掛かると思っていたんです。例えば、RCA（アメリカ・ラジオ会社）という会社があって、テレビとかビデオとか作っていましたけど、80年代に組み立て工場がなくなったんです」

リアンにはNAFTAと工場移転の因果関係ははっきりわからなかったが、製造業では安定して暮らしていけないと何となく感じたという。

「それでも私はしばらく民主党を支持していました。でも仕事が少しずつ出て行っているのを見ていて心配になった。誰にでも仕事が必要です。働かない人が増えれば、税金を払う人が減り、道路も橋も改修できなくなります。トランプが言うように、いまアメリカではインフラすら直せなくなっている」

看護師の資格を取ったが、それでも暮らしぶりは悪くなっていると強調する。「80年代の方が暮らし向きはずっと楽でした。私だけでなくて、みんなそう言っています。自分の稼ぎの中で、もっと多くのことをやれていた。車を買ったり、旅行に出かけたり」

「ところで」と工場移転を通告された

妻の話を隣で黙って聞いていた夫のショーン・フェイバー(44)もたまらず話し始めた。いまは体調不良もあって休業中という。

「私も同じ光景を見てきました。企業なんて勝手ですよ。時給20〜30ドル(約3000円)を払いたくないから出て行くだけです。それで途上国の格安労働力を2〜3ドル(約300円)で使う。すべては企業の利益のためです」

相当の不満がたまっているようだ。やはり自身も失業を体験していた。

「私の場合、新しいマネジャーが「会社を建て直すため」と言ってやってきたが、実際にやったことといえば、工場内の機械で売却できるものを探すだけだった。そして4週間後、「ところで工場は3カ月後に閉鎖されます」と。たったそれだけです。二十数年も働いていたベテランも失業したんです」

15年前、自動車部品工場での話という。その後のことも聞こうとしたら、ショーンは「で、2つ目の工場閉鎖は」と話し始めた。なんと15年間で3つの工場の閉鎖を体験し、そのたびに転職してきたという。

夫婦は民主党のオバマを支持してきたが、今回は「製造業の復活」を掲げるトランプ支持で気持ちは固まっていた。

政治エリートへの不信

トランプ支持者の間には、「王朝」という言葉を使って、クリントンに反対する人が少なくない。とにかく権力の世襲とか固定化が嫌いなのだ。矛先は共和党エリートにも向かう。

デトロイト郊外のトラック運転手ロナルド・ミラー(50)は「この選挙は「クリントン王朝」の誕生を阻止し、エリートから権力を奪い返す、平和的な革命だ。トランプにはワシントンのエスタブリッシュメント政治を破壊して欲しい」と語った。

長年の共和党支持者だが、41代、43代の大統領を輩出した名門ブッシュ家は大嫌いだ。ブッシュ政権下で始まったイラク戦争では何千人もの若者が犠牲になり、膨大な国費が消えた。

「クリントン王朝」の誕生阻止をめざすトラック運転手ロナルド・ミラー(左)

「エリート政治家は庶民の暮らしも人生も見ちゃいない。権力の維持そのものが目的になり、欧州のような支配階級だ。民主党も共和党も関係ない」

以来、党を理由に候補者は選ばない。ブッシュ家３人目の大統領職を狙った元フロリダ州知事のジェブ・ブッシュ(63)が共和党予備選で敗北した時には、大喜びした。選挙に自己資金を投じるトランプなら首都ワシントンの既得権層に遠慮せず、庶民のための政治が可能だと期待している。

ミシガン州は１９９２年の大統領選以来、ずっと民主党が勝ってきた「ブルー・ステート(青い州)」だった。２０００年、２００４年と全米では共和党ブッシュ候補が勝った大統領選でも、ミシガン州では民主党候補が勝った。それでもトランプは同州で勝利した。アルバレズ夫妻やフェイバー夫妻のような、無党派、元民主党支持者がトランプ勝利を後押ししたのだろう。

トランプ不在でも盛り上がる会場

ラストベルトでのトランプ集会は、どこも大盛況だった。

2016年5月2日、インディアナ州サウスベンド(South Bend)。もちろんトランプの最大のターゲットは、自由貿易だ。

「みんな昔より2倍も働いているのに稼ぎが減るなんてウンザリでしょう。私は理解していますよ」「NAFTAは我が国を破壊した。TPPはもっとひどくなりますね」

トランプは、米国に有利な自由貿易協定を結ぶには、特定業界の意向を無視できる、賢い指導者が必要であり、それは自己資金で選挙をたたかう自分である、と訴えた。

いつも同じ話の繰り返しだが、それでも超満員の会場は盛り上がる。特にこの日は、メキシコ移転を発表したばかりの地元の空調機器メーカーを名指しで非難し、「ちなみに私はもうこの会社の商品は買わない」と宣言すると、大歓声が沸き起こった。

実は、この日の集会取材は中に入れなかった。入場制限がかかってしまい、私は隣の部屋に案内された。もちろんトランプ本人はいないが、それでも支持者は帰らず、スピーカーから流れる演説に聴き入っている。

ステージは無人だが、それでも拍手が沸き起こる。あんな集会はトランプ以外では見たことがない。実は私がいたのは2つ目の予備の部屋で、さらに第3の部屋も支持者で埋まっていた

トランプ不在でも盛り上がる集会(インディアナ州サウスベンド)

という。驚くべき動員力だ。

演説に何度もうなずいていたのは、近くに住むレット・ロウ(51)。7年間勤めた自動車部品工場が5年前に閉鎖され、解雇された。半年前に通告されたが、職探しが間に合わず、一家の暮らしは困窮した。「私の時給は当時23ドル(約２６５０円)だったけど、メキシコでは２ドル(２３０円)と聞いた。私たちにはお手上げだった」

高校卒業以降、自動車関連を中心に工場12カ所で働いてきた。90年代前半までは時給の高い工場に自分から移る「前向きな転職」だったが、最近は周囲も含めて追い詰められた形での失業が多い。「私は何も大きな要求はしていない。まじめに働けば、普通に暮らせる、以前のアメリカを取り戻して欲しいだけだ」

怒りの矛先は企業にも向いた。

「彼らはアメリカの労働者のことを考えなくなった。株主の利益の最大化のために労働者を捨て、平気で海外移転する。そしてそんな企業が大統領選の候補に多額の献金をばらまく。そんなカネを受け取る政治家に堂々と立ち向かえるのはトランプだけだ」

トランプは具体策を十分に示さず「雇用を海外から取り戻す」と繰り返しているだけだった。それでも多くの人々が惹きつけられていた。

広がる不満

まじめに働いているのにミドルクラスから滑り落ちている。そんな不安や不満はもちろん、ラストベルトだけのものではない。

南部サウスカロライナ州でも、不安を訴えるトランプ支持者に出会った。

トランプが同州ポーリーズアイランド（Pawleys Island）で開いた集会は、周囲が壁で囲まれた「ゲーテッド・コミュニティー（要塞の街）」内のクラブハウスで開催された。正面入口のゲートをくぐると、ゴルフ場を備えた住宅街が広がっていた。

会場にトランプのロゴ入り野球帽をかぶっている男性がいた。声を掛けると、まずは隣にいた妻のダニエル・フュゲイト（46）が取材に応じてくれた。

「みんなが怒っているのは、雇用の喪失が主な原因と思う。共和党も民主党もどっちもグローバル化への対応で失敗した。アメリカの勤労者を陥れたのよ。勤労者の声はあまりにも長く無視されてきた。サイレント・マジョリティー（声なき多数派）なのです」。こう言ってダニエルは夫トッド（50）に発言を促した。

トッドは仕方ないなという感じで、取材に応じてくれた。「アメリカ人はモノづくりをしなくなってしまった。多くが海外に出て行った。トランプは、それらを取り戻すと言っている。私は高校卒業以来、工場労働者を32年間やってきた。80年代は仕事があふれ、若かったので週7日、毎日12時間も働いた。飛行機の部品を作った。作っても、作っても注文が来た。本当に忙しい時代だった」

ミドルクラス没落を嘆くフュゲイト夫妻
（サウスカロライナ州）

80年代の話になると、トッドは笑顔になっていた。ところが90年代に雇用の海外流出が始まったという。

「クリントン大統領時代のNAFTAから物事が悪い方向に流れ始めた。製造ラインが次々に不採算と認定され、メキシコに出た。間もなくブラジルや中国にも流れた。米国で８００人を解雇した会社が直後にメキシコで同じ数を採用した。そんなニュースの繰り返しだった」

トッドは同じ工場で32年目を迎えている。最初は機械工の一人だったが、今では工場長に昇進した。「私はプログラマーでもあり、エンジニアでもあり、全体の監督責任者でもある。それが工場長です」

話しぶりから、これまで真剣に働いてきたことを誇りにしていることが伝わってきた。ところが、暮らしぶりは良くならなかったという。今の年収は6万ドル（690万円）。まじめに働き工場長になっても期待していたような暮らしは実現しなかった。妻のダニエルが警備員や飲食店に働きに出て、共稼ぎでやっと暮らしてこられたという。

「アメリカン・ドリームはもうない。必死に働いてきた私が32年後の今も中流の下の暮らしなのですから」

フュゲイト夫妻は、アメリカの政治家はもっと自由貿易の負の側面にも目を向けるべきだと思っていたが、そんな議論は政治家からは聞こえてこなかった。そこに「アメリカの貿易協定はどれも最悪だ。賢くやるべきだ」と主張するトランプが登場した。どの演説でも必ずと言っていいほど、メキシコや中国との貿易赤字の大きさを問題視する。この一貫した姿勢を見て、支持者になったという。

別れ際、トッドが言った。「私の主張は、日本人にもわかってもらえると思うが、どうだろうか？　日本もテレビ生産では稼げなくなっているでしょう？　アメリカの量販店は、今や韓国や中国の200ドル(2万3000円)のテレビばかり。日本にもトランプみたいな実業家の指導者が誕生するといいですね」

派手な演出

トランプの選挙運動の特徴の1つは、そのエンターテイメント性の高さにある。1例を紹介したい。フロリダ州パームビーチ郡もトランプが予備選を得票52%超で圧勝した「トランプ王国」だ。州全体でも45%超を獲得した。同郡でのトランプの屋外集会は大盛況だった。

2016年3月13日、予備選の2日前のことだ。日が傾き始め、スポットライトがステージに当てられた。そこでアナウンスが入った。「みなさんドナルド・トランプ次期大統領が上空から登場です！」

え？　上空から？

会場を埋め尽くした支持者たちが一斉に空を見上げた。すると北の空にランプを点滅させたヘリコプターがゆっくりと姿を現した。西の空にさしかかると、ヘリは夕日を背にくっきりと浮かび上がった。会場から大歓声が上がり、無数のカメラが上空のヘリを追った。こうした演出は他の候補者では見たことがない。

トランプの演説は、アメリカの通商政策、外交政策、移民政策などの「失敗」を批判し、自分が大統領になれば賢く再交渉して解決し、アメリカを偉大な国家に再建するという定番のメッセージだった。どうやって再建するのかという具体策はほとんどない。

それでも支持者は熱狂し、集会後も余韻を楽しんでいた。

「歴史が誕生する瞬間を見たかった」。日曜日の夜の集会に駆け付けた理由をそう語ったのは、IT技術者のリック・リゴダイス(62)。妻(64)と期日前投票を済ませたという。

業界団体の献金に頼らないトランプへの期待を語ったリゴダイス夫妻(フロリダ州)

トランプを支持するのは、従来の政治家と違い、選挙資金の多くを自己資金で賄っているからだという。「実際に国の主要政策を変えるとなると、そこで利益を得てきた大企業は猛反発する。そういった改革を実施できるのは、資金面で特定の誰かに世話になっていないトランプしかいない」

リゴダイスには苦い思い出がある。2010年の上院選で、若きフロリダ州選出の上院議員マルコ・ルビオ(44)を支援した。「ところがルビオはワシントンで、エスタブリッシュメントに簡単に取り込まれてしまいました。彼らに同調しないと重要な委員会ポストをもらえず、次の選挙資金も集まらないと吹き込まれたのでしょう」

ルビオは今回の「有力候補」として大統領選に出馬したが、リゴダイスは応援しない。主流派や業界に頭を下げなくてよい大富豪のトランプに改革を期待したいのだという。

建設作業員の「寄せ場」

本書では、これまでラストベルトなどで自由貿易に反発する労働者を多く紹介してきたが、次は不法移民への反発がトランプ支持の原動力になっているケースを取り上げたい。

アメリカにも建設作業員の「寄せ場」がある。

2016年4月18日。ニューヨーク・マンハッタンを車で出発し、東へ2時間。朝4時にロングアイランド東部の街サウサンプトン(Southampton)のコンビニに着いた。ここの駐車場に「不法移民」の労働者が集まり、その数は数百人規模になるという。

周囲は真っ暗。しばらくエンジンを切って待った。

「不法移民が集まる」という話を教えてくれたのは、熱烈なトランプ支持者の建設作業員トマス・ウィデル(56)だった。

ニューヨーク5番街のトランプタワー前で、トランプへの大規模な抗議集会があった時、ウィデルはわざわざトランプを擁護するために仲間と2人で乗り込んだ。抗議する人々に罵声を浴びせられながらも、「トランプは正しい！」と反論していた。

よっぽどの動機があるに違いない。そう思って話しかけると、ウィデルはこう訴えた。

「人件費が安いからという理由で、不法移民に建設現場の仕事を奪われた。子どもを養うこともできない。牛乳も買えないじゃないか。トランプが言うように、国境沿いに壁が必要だ。今日は大事な20ドル（2300円）をガソリン代に費やし、ここまでやってきた」

野球帽にもTシャツにも、トランプのスローガン「アメリカを再び偉大な国に」が入っている。よく見ると、ウィデルが持っていた「トランプを大統領に」と描かれたプラカードは使い込んだ跡があった。いつから活動しているのかと聞くと、トランプが立候補会見をした時からで、もう9カ月になるという。そもそも不法移民の追放を訴える活動は10年前に地元で始め、今では支持者の輪を広げることに成功していると胸を張った。

「本当ですか？」と聞くと、ウィデルは「だったらオレの活動を見に来ないか？　朝4時で早いけど、エキサイティングだぞ」と誘ってきたのだった。

クラクションで支持表明

ぽつりぽつりと、車に乗った白人の建設作業員たちが朝食を買いに、コンビニに立ち寄りだす。建設作業員の朝はどこも早いものだ。

4時半を回ると、確かにヒスパニック系の若者たちが集まり始めた。先ほどまでの白人たちとは違い、多くが徒歩でやってくる。野球帽かパーカのフードをかぶり、リュックを背負っている。やはりコーヒーやパンなどをコンビニで買い、外で食べている。しばらくすると、若者たちは数え切れないほどに増えた。聞こえてくる会話は、ほとんどスペイン語だ。

間もなく、ワゴン車やピックアップトラックが次々と駐車場の周辺に集まり始めた。若者たちは運転手と数分ほど交渉し、車に乗り込む。満員になった車から現場に向けて走り去った。なるほど、確かに「寄せ場」だ。大阪市西成区で取材した釜ヶ崎の風景とそっくりだ。違うのは、その世代。釜ヶ崎は高齢者が多く、ロングアイランドは若者が多い。私が見た限り、白人は1人もいなかった。

3時間ほどの間に100人以上はいただろうか。ヒスパニック系の若者がロングアイランドの建設現場を支えていることは間違いなさそうだ。ただ、ウィデルが言うように、彼らが「不法」移民かどうかまでは確認できない。

サウサンプトンには米国有数の高級住宅地がある。「西のビバリーヒルズ、東のサウサンプトン」とも言うらしい。ケタ外れの大富豪たちが豪邸を構え、気の向くままに改築したり、プールを造ったりする。そこに建設業の需要が生まれるのだ。

「寄せ場」となるコンビニは、高級住宅地につながる幹線道路沿いにある。建設業者は、その日に必要な労働力をここで調達し、現場に向かうというわけだ。

朝5時になると、聞き覚えのある声がした。ウィデルだ。

「不法移民を強制送還しましょう」「トランプを次期大統領に」

出勤の車がビュンビュンと走り抜ける幹線道路の脇に立ち、通過車両の運転手に呼び掛けている。アメリカ国旗を振り、手元には「サウサンプトンにようこそ。ロングアイランドの不法外国人の都」と大きく描いた看板を置いている。

ウィデルの活動は2時間ほど続いた。

建設業者らしい車両の多くは、通過時にクラクションを鳴らし、ウィデルを激励する。窓を開けて声を掛けたり、両手で「グッド・サイン」を送ったりする。わざわざ車を道路脇に停車し、握手するために駆け寄ってきた男性までいた。

建設作業員の「寄せ場」で仕事を待つ労働者たち(ニューヨーク・サウサンプトン)

正反対のケースもある。開けた窓から食べかけのパンや罵声が飛んできた。食べかけのコーンフレークを牛乳ごと掛けられたこともあるという。

トランプ支持を道路脇で呼び掛けるウィデル

空っぽの冷蔵庫

ウィデルは、サウサンプトンから車で1時間ほど離れた小さな町で生まれ育った。両親の農作物直販所を手伝うため、高校は中退した。しばらくして建設作業員の道を歩み始めた。10年ほど下積み生活を送り、35歳で自分の建設請負会社「エアタイト建設」を設立。水一滴も漏らさない完璧な仕事をやるという意味の社名だ。

25人を雇っていた。平均時給は20ドル(2300円)。作業を一任できる経験者は30ドル(3500円)。未経験者は12~15ドル(約1500円)。まずは水泳プールの設置で実績を作り、住宅の建設も手がけるようになった。そして、ついに4年がかりの大仕事を受注した。巨大な敷地に住居を5つ建てる仕事で、下請け業者として入った。

ところが1年半が過ぎたところで契約を切られた。元請け業者からは「発注者が「人件費が高すぎる」と言い始めた。今日が最後だ」と一方的に通告された。口頭の契約だったので、どうにもならない。残り2年半も続けるつもりだったので、営業不足で他の仕事はない。購入した重機の20万ドル（2300万円）の借金が残った。25人全員を解雇するしかなかった。

悔しくて現場を見に行くと、自分たちの代わりに、見慣れないヒスパニック系の若者たちが働いていた。現場に置き忘れたウィデルの作業道具をちゃっかり使っている若者まで見えた。早朝、コンビニの「寄せ場」を見回りに行くと、一方的にウィデルとの契約を打ち切ってきた元請け業者の社名が入ったワゴン車が、労働者を路上で集めていた。同業者の知人からは「不法移民のメキシコ人は時給が半分で済む。一度使ったらやめられない」と聞かされた。

住み慣れた地元の風景が、まるで違って見えるようになった。

学歴なんてなくても、まじめに働けば食べていけた社会だったはずなのに、「後からやってきたヒスパニック」が低賃金を武器に仕事を奪っていく。

収入は途絶え、暮らしは暗転した。冷蔵庫は空っぽ。4人の子どもは「おなかがすいた」と騒ぎ、インターネットの契約が切れると「友人の輪に入れなくなる」と泣き出した。自家用車と建設重機を手放し、親族に借金もした。仕事仲間もどこか違う町へ出ていった。家族が離散したという仲間の話も届いた。

「オレたちアメリカ人は、給料から社会保障費も税金も払う。不法移民は何でも負担を逃れる。母国にドルを送金すれば、何倍もの価値になるから、安くても働く。ここで生まれ育ったアメリカ人が、この競争に勝てるわけがない」

2006年、「寄せ場」の目の前で「不法移民を強制送還しよう」と抗議活動を始めた。最初は冷たい目で見られ、通過車両からゴミを投げつけられたが、今では応援クラクションを鳴らしてくれる車が増えた。

「当時、不法移民を大っぴらに問題視する人なんていなかった。でも私が抗議を始めると、少しずつみんなが話題にするようになった。不法移民がこの地域で問題になり始めたんだ」

ウィデルは自分の訴えがトランプに届いたと思っている。トランプが「国境を守ろう」と出馬宣言した時、支持を決めた。「トランプはアメリカのブルーカラー労働者の救世主だ」

ウィデルの憤りは、富裕層にも向く。

「私は、自分がハシゴの下の方の横木(the lower rung of the ladder)だと自覚している。なぜ、アメリカの億万長者は、アメリカ人の業者を使わず、さらに安い不法移民を使うんだ。自分の財布のことばかり考え、地域のことなんてちっとも考えていない。ブッシュ家のような、共和党のエスタブリシュメントも同罪だ。不法移民が増えても、銀行員などの高学歴エリートたちは仕事を奪われる心配がないだろうが、オレたちには深刻なんだ」

「私はここで生まれ育ったアメリカ人だ。私は、稼いだカネを、ここで使う。赤ん坊のミルクを買い、子どもの服やおむつを買う。カネは地域に循環する。社会ってのはそんなもんだろ？　でも不法移民はため込んで、南の方に送金するばかりだ」

「寄せ場」取材の翌日、ニューヨーク州では共和党予備選があった。トランプは、ニューヨーク州全体で6割超を集めて圧勝。サウサンプトンやウィデルの地元が含まれるサフォーク郡は、なんと7割超がトランプを支持する「トランプ王国」だった。

ウィデルに電話を入れると、「私もトランプの勝利に貢献できたはずだ」と大喜びだった。

トランプが勝利し、メキシコ国境沿いで壁の建設が始まったら、作業員として参加するという。

ただし、米大手調査機関ピュー・リサーチ・センターによると、雇用や住居を奪うなどの理由で移民を「重荷」と見る人の割合は94年の63％から2016年は33％に激減し、逆に勤勉さや才能で社会を「強化」していると捉える人は31％から59％に増えた。

メキシコ国境沿いの「壁」については、2016年3月の時点で、共和党系の有権者の63％は支持していたが、対象を有権者全体に広げると、反対派が62％で賛成派の34％を大きく引き離していた。つまり、トランプの壁建設の訴えは、全体というよりも、ウィデルのような特定層を強く惹きつける効果があったのだろう。

夢は学費を返済すること

トランプが共和党予備選で初勝利を飾ったのが北東部ニューハンプシャー州だった。当時は主要候補だけでも10人以上の乱立状態だったが、トランプは同州で35％超の得票で圧勝し、快進撃はここから始まった。

予備選2日前の2016年2月7日、トランプは同州ホルダーネス(Holderness)の州立大学で学生や地域住民を前に集会を開いた。「海外に流れた仕事をアメリカに取り戻す」と拳を振り上げて聴衆に訴え、ジョークを交えながら、メキシコ移民や、日本や中国の「為替操作」を批判すると、会場の若者から歓声があがった。

同州の取材には、東京大学教授の久保文明が同行してくれていた。会場は盛り上がっているが、久保は「小話の連続や、根拠の乏しい話を50分も聞かされるのは、なかなかつらいですね」と疲れた様子。では、若者たちはどう感じたのだろうか。

会場の外で待っていると、興奮冷めやらぬ大学1年の女性3人組が出てきた。手にはそれぞれトランプ支持のプラカード。刑事司法と環境科学を専攻するブリィ・ドゥボル(18)、生物学専攻のレイチェル・ストッカー(20)、経営学専攻のアリッサ・パスト(20)の3人が取材に応じてくれた。

――トランプのどこを評価していますか？

ブリィ・ドゥボル　不法移民の侵入を防ぐためにメキシコ国境沿いに壁を建設すると約束したからです。不法移民は私たちの仕事を奪いに来るんです。

レイチェル・ストッカー　え、本当？

ドゥボル　本当よ。不法移民がアメリカに入ってきて、私のパパと同僚の仕事を奪ったんだから。

トランプ支持の理由を語る女子大学生３人組

ストッカー　え、そうだったの。

ドゥボル　うん。だからトランプを支持しているの。

――お父さんは仕事を失ったのですか？

ドゥボル　父は建設業の請負業者でした。入札に参加するのですが、メキシコから違法に入国してきた労働者たちがより安く応札してしまい、彼の仕事を奪っているんです。

――トランプの演説は好きですか？

ドゥボル　彼は問題をありのままに指摘してくれるから、よい注意喚起になっている。そこを多くの人が支持していると思う。

――あなたはどうですか？　演説に感銘を受けましたか？

ストッカー　ええ。トランプの別の集会にも行ったことがあります。

ドゥボル　私たちにとって今回は2回目です。

――他の候補者の集会にも行きましたか？

ドゥボル　私の自宅の近くにサンダースの事務所があるんですが、私は好きではありません。

――でも、若者に人気ですよね？

ストッカー　それは彼が大学費用を無償化し、マリファナを合法化するって言っているからですよ。

――トランプはアメリカを再び偉大にすると言っていますが、今のアメリカは偉大ではないですか？

ドゥボル　以前はもっと偉大だったと思います。

ストッカー　そうよ、以前はもっとね。今のアメリカは以前ほどの偉大さを失っているわ。

――どんな点で？

ドゥボル　まず雇用。つまりアメリカ経済の力が落ちている。それにトランプは、アメリカの刑務所に100万人以上の不法移民がいるって言っていました。アメリカ人でもないのにこの国で罪を犯し、彼らを出身国に送還することもせず、アメリカが(お金をかけて)世話していると。

ドゥボル　どうだろ、わからないな。

——自分の将来とアメリカの将来について悲観的ですか?

ストッカー　悲観的ってどんな意味?

——言い換えると、アメリカは間違った方向に進んでいると思う?

ドゥボル　もちろん。間違った方向に行っていると思う。

ストッカー　現在の話でしょ、ええそう思う。

——どんな意味において?

ストッカー　雇用です。

ドゥボル　経済です。それにアメリカはいま多くの難民に隠れ家を提供しようとしている。

ストッカー　この国は大量の難民を受け入れているけど、自分たちの国のこと、例えば退役軍人の医療費も払えていない。

ドゥボル　人を助けることは確かにナイスだけど、それは自国のことをきちんとできている時だけにするべきだと思う。

ストッカー　まったくその通り。

ドゥボル　アメリカには今、外の人を助ける余裕がない。
ストッカー　世界で混乱が起きると、アメリカが助けに行く。でも逆にこの国が困っているとき、どこの国も助けに来てくれていない。
ドゥボル　アメリカのことなんて誰も気にしていないのよ。
ストッカー　トランプがやりたいことは、強い軍を作ることよ。
——子どもは親の世代よりも裕福になれる。そんなアメリカン・ドリームはまだ健在ですか？
ストッカー　わからないわ。
ドゥボル　私の夢は学費を返済すること。それがすべて。
——学費の返済は難しそうですか？
ドゥボル　そう思います。アメリカは兆単位の借金を抱えています。若者は学費の借金を抱えています。サンダースの学費無償化はステキだけど、じゃあ誰が教授の給料を払うんですか？　現実的ではない。
——今の暮らしに不満は？
ドゥボル　やっぱり、父が不法移民に仕事を奪われたことが不満。彼が私の学費支援をできなくなったので、私が借金を背負うことになる。それに軍人だった兄は、退役軍人局から医療補助を受けようとしているけど、診察を受けるのに3年も待たされている。退役軍人はこの国で最も尊敬される人々なのに。

ストッカー　私たちの暮らしがあるのは彼らのおかげですから。

ドゥボル　そうよ、彼らは世界に貢献した。トランプは退役軍人の処遇を改善するとも言っている。私はそこを強く支持しています。

――まとめると、退役軍人と不法移民への対処に不満があるわけですね？

ドゥボル　そうです、不法移民は仕事を奪っていますから。

――仕事を奪い、アメリカ人の賃金が下がっていると？

ドゥボル　その通りです。

写真の撮影を終えると、３人は「アメリカを再び偉大に！」と言って帰っていった。

アパラチア地方の街並み．右側の建物には溶鉱炉の壁画があった（拡大図は162ページへ）

第5章

「時代遅れ」と笑われて

アメリカ大陸の東部を南北に貫くアパラチア山脈。大統領選で注目を集めることは多くなかったが、この一帯には「トランプ王国」が広がっている。地図に勝敗を落とすと、共和党カラーの真っ赤に染め上がる。

主要な雇用の場は石炭産業だったが、石炭は温室効果ガスの排出が多く、地球環境に良くないとして、すっかり「時代遅れ」に。かつては重工業を支え、世界に君臨するアメリカの屋台骨という誇りがあったが、すっかり昔話になってしまった。

1964年に当時の大統領ジョンソン(民主党)が訪れ、「貧困との戦い」をアピールしたことで、「アパラチアの貧困」の代名詞になったケンタッキー州アイネズという街がある。半世紀後の今も、貧困率は全米の3倍。インフラ修繕も進まず、水道水は飲めなくなっていた。

炭鉱の街

ニューヨークのマンハッタンを車で出発し、アパラチア山脈沿いに、西へ、そして南に向かう。道は険しい。途中ガソリンスタンドが極端に少なくなり、ガス欠を起こすのではないかと心配になる。ときおり、携帯電話は圏外を表示する。

めざすは1000キロ離れたケンタッキー州の東部マーティン郡アイネズ(Inez)。トランプは、同郡の共和党党員集会(2016年3月5日実施)で6割超の票を獲得し、他の党内候補を圧倒した。同年11月の本選での得票率は、民主党のクリントンを相手に88%超に達しており、周辺の郡でも同様の結果が出た。

一帯は「トランプ王国」だ。

ただし、第1章から第3章で紹介した「ラストベルト(さびついた工業地帯)」とは意味合いが異なる。従来型の製鉄業や製造業が栄えたラストベルトには、ブルーカラー労働者が多く、労働組合の影響も強く、民主党候補が伝統的に強いエリアが多い。例えば、ウィスコンシン州では1988年以来、ミシガン州では92年以来、ビル・クリントンやオバマら民主党の候補が勝利を収めていた。普段は民主党が強いエリアを、共和党のトランプが久しぶりに引っくり返したから注目が集まった。

しかし、ケンタッキー州では最近、共和党候補の本選での圧勝が続いており、今回も「トランプ王国」になることは初めからわかっていた。結果がほぼ見えているため、両陣営とも本選では遊説にほとんど入らない。そのため、注目度は、どちらが勝つか最後まで読めないラストベルトの激戦州に比べると格段に落ちる。

それでも取材したいと思ったのは、アパラチア地方の経済を支えてきた、かつての石炭産業が最近の環境規制の強化で「時代遅れ」とされたからだ。地球温暖化が世界の懸案になる中、二酸化炭素の排出量が多い石炭は、連邦政府の規制の対象になってきた。EPA（米環境保護庁）は、石炭火力発電所の閉鎖を急ぐ。このエリアの炭鉱労働者たちやその家族の思いを聞いてみたかった。

今回の選挙では、トランプ支持者は「置き去りにされた人々」と呼ばれることが多かったが、アパラチア地方はその代表だった。

「アパラチアの貧困」の代名詞にされて

なかでもケンタッキー州のアイネズを訪ねたかったのは、この街が半世紀前から貧困の代名詞のように語られてきたからだ。

アイネズは1964年、「貧困との戦い」を宣言した民主党大統領のジョンソンがヘリコプターで降り立った街だ。前年のケネディの暗殺で副大統領から昇格したジョンソンは「偉大な社会」というスローガンを掲げ、連邦政府の関与を強めることでアメリカ社会の貧困問題の解決を図った。

第二次世界大戦後のアメリカは、圧倒的な経済力を誇り、60年代に入ると、その豊かさで「大きな政府」を維持し、貧困を解決しようという社会変革の風潮が強まった。ジョンソンの「貧困との戦い」はその1つで、アイネズ訪問には全米メディアが同行し、大統領が失業した炭鉱労働者トミー・フレッチャーと面会した様子を一斉に報じた。

　これを地元紙の若手記者として取材した、リー・ミューラー（75）が取材に応じてくれることになった。あまりに山奥だからだろうか、グーグルの地図もミューラーの自宅を正確に表示してくれない。迷いに迷ってやっと到着した。

ジョンソン元大統領のアイネズ訪問を取材した元記者リー・ミューラー

「ジョンソン大統領のおかげで、アイネズは「アパラチアの貧困（Appalachian poverty）」の代名詞のような街になったんですよ。まあ貧困であることは、今も変わりませんが」

　ミューラーが自宅で笑って振り返る。当時ミューラーは上司の指示でカメラを持って取材に行った。

「40号線沿いの空き地には5000人ぐらいの住人が見学に来ていて、ヘリが着陸した。そこから大統領と夫人はオープンカーに乗り換え、トミーの自宅まで移動した。高校生バンドが「ヘイル・トゥー・ザ・チーフ（Hail to the Chief, 大統領万歳）」を演奏し、地元の銀行の頭取ら3人が市民代表として出迎えた。トミーの自宅前ではカメラマンや記者200人ぐらいが競って写真を撮っていた。私の写真も悪くはなかったけど、最も有名になったのはタイム誌に載った写真でしたね」

ミューラーは古い新聞記事のコピーから、当時の自身の記事と写真を見せてくれた。

「そうそう大都市から来た記者たちはみんな黒のスーツ姿でね、まるで(サラリーマンの多い)東京みたいになりましたよ」


そして地元の住民としてのホンネを語り始めた。

「突然の大統領の訪問に、私たち住人は面食らっていたんです。実は当時の私たちは、自分たちが貧しいとは思っていなかった。現金収入は多くなかったけど、食べるものは栽培できるし、足りないものは近所で交換しあっていた。みんな同じような生活水準で、言ってみれば「平等な社会(egalitarian society)」だった。比較する富裕層もいないし、貧困とは思っていなかった。ところが大統領が来た後から、全米メディアが、大統領がアイネズで「貧困との戦い」宣言なんてやるから、あ、オレたち貧乏なんだなってね」

ミューラーは立ち上がると、窓から見える、野球場ぐらいありそうな広さの空き地を指して続けた。

「畑にはトウモロコシや野菜、スイカがいくらでもあり、家畜の牛や馬、ブタも放し飼いにされていた。食べきれない分は缶詰にしたり、燻製にしたりして冬場に備えていた。小鳥やウサギ、リスなども貴重なタンパク源として食用にしていました。ですから、それらを食べてしまうネコは嫌われていましたよ、このあたりじゃ」

ときおり、そんな冗談を交えながら話は続く。

「ジョンソン大統領が選んだ「貧困の街」では、私たちはそうやって暮らしていたわけです。「貧困との戦い」のスタート地点として街が使われるとは知りませんでしたね」

ミューラーは笑顔で穏やかに話すが、首都ワシントンから突然やってきたエリートたちに一方的に貧困扱いされたことへの不満がにじむ。

「当時、地元の皆さんは、ご自身が貧しい、貧困の街に暮らしているとは思っていなかったわけですね？」

私が念のため確認すると、ミューラーは言った。

「ええ、私はちっともそう思っていませんでした。でも彼らはそう思った。彼らはトミーの家に偶然立ち寄ったわけではない。マーティン郡には、そこそこ立派な家々もあったが、彼らはこの地域の道路脇の掘っ立て小屋(shack)を選んだ。ポーチがあって、家主は、失業中の元炭鉱労働者。子どももたくさんいて、まあ、大統領と夫人にとっての絶好の撮影ポイントと思ったのでしょう。「アパラチアの貧困」にふさわしい場所を事前に調査していたんですね」

置き去りにされた人々

先ほども触れたように、マーティン郡で、トランプは共和党の党員集会でも本選でも圧倒的な強さを示した。なぜ強いのか。

ミューラーは、「トランプのことはみんなテレビで知っていた。食糧大手や金融機関など大企業の献金に頼らず、自己資金を選挙戦に投入してきた。言いたいことも何でも口にしていて、ワシントンの典型的な官僚や政治家とまったく違って見える。そんな候補者に、人々は惹かれているのでしょう」と語る。

ここまでは全米の他のエリアと同じだろう。ただ、マーティン郡では、地元の人々に「置き去りにされている」という感覚が特に強いという。

マーティン郡は、他のアパラチア地方よりも山奥にあるため、石炭産業が本格化したのは1974年と遅かった。きっかけは1973年の第四次中東戦争と、それに続く中東諸国による対アメリカなどの原油禁輸措置や原油価格の急騰を受け、アメリカの石炭産業はマーティン郡にも進出したのだという。鉄道が隣のウェストバージニア州から伸びてきた。

ミューラーは、「ジョンソン大統領の時代に始まった政府の貧困プログラムよりも、石炭産業が入ってきたことの方が経済面でのプラスは大きかった」という。当時、地元民は仕事を求めて、ミシガン州デトロイト周辺の自動車産業やバージニア州ノーフォークの造船所、オハイオ州の家電工場などに出稼ぎに出ていたが、多くの家族が地元に帰ってきた。

「ついには教員までが学校をやめて、石炭産業に移っていった。給料に2倍以上の違いがあったからね。別に石炭産業でなくても、みんながミドルクラス(中流階級)になれた時代だった。高校を出なくたって、体が動いて、常識があれば雇ってもらえた。就職してから訓練を受ければよかった。私のおじさんは高校を落第したけど、朝鮮戦争から復員後に職業訓練を受け、最後はボール盤の技師として十分に稼ぎ、立派な家を建てて、2人の娘を大学に送った」

「トランプ王国」で高齢者と話していると、どこでも似たような話になる。圧倒的な経済力を享受した世代の郷愁といえる。ミューラーは続ける。

「それに労働者にはバケーション(長期休暇)があった。一般的に企業は2週間くれていた。このエリアでは、どの炭鉱も6月に2週間、同じ時期に一斉に休業した。それを「鉱山休暇」と呼び、多くの家族はサウスカロライナ州のマートルビーチ(Myrtle Beach)に出かけた。ケンタッキー州には海がないからね。フロリダ州まで行く家族もいた。私が勤めた新聞社も、勤続15年で3週間、20年で4週間の休暇がもらえたからね」

　ここまで聞くと、ラストベルトの元鉄鋼マン、ジョーの話(36ページ)にそっくりだ。休暇を取るだけの時間と金銭的な余裕のあった時代を懐かしむ姿は、サンダース支持者のケリー・コナーズ(48)の話(197ページ)とも重なる。アメリカのミドルクラスの共通の認識のようだ。

もちろん、そんな時代はほぼ終わっている。

「石炭産業がこの地域で壊滅したのは、つい4年ほど前のこと。製造業も中国やメキシコ、インドに出て行った。私はオバマ大統領に期待したが、彼も流れを変えることはできなかった。共和党多数で議会の協力が得られないから仕方ないとも思うが、少し失望したのも事実だよ」

そう言って、台所に案内してくれた。蛇口をひねると水が出た。

「このあたりでは、ついに水まで飲めなくなった。さっきのコーヒーは、買ってきたボトル水で入れたんですよ。役場からは毎週のように、10分間は沸騰させてから飲むようにと警告が出る。この国の問題は、ペンタゴン(つまり、軍需産業)にはとめどなくカネが流れるのに、庶民の暮らしに直結するインフラ整備には回らない。この街の水処理施設は65年前のもので、改修されていないため、ついに水が危なくて飲めなくなった。いいかい、高校にも裁判所にも公の水飲み場がないんだよ。水が飲めない街で、いったい誰が暮らしたいと思うんだろうね」

貧困率4割

最後にミューラー自身は誰を大統領に支持するのかと聞くと、答えは、民主党予備選でクリントンと指名を競った、自称「民主社会主義者」の上院議員バーニー・サンダースだった。富裕層がどんどん豊かになり、残りのミドルクラスの暮らしが厳しくなる現実に、サンダースが「おかしい」とぶれずに訴え続ける姿勢が気に入ったという。

先ほども紹介したが、マーティン郡での共和党の党員集会でトランプは6割超を得票したが、サンダースも民主党予備選で5割超を得票し、クリントンに勝った。共和、民主のいずれでも「アウトサイダー」の候補が主流派に勝ったことになる。

1964年にジョンソン元大統領が立ち寄った「トミーの小屋」．今も人が住んでいる

私が帰ろうとすると、ミューラーが、「トミーの小屋」を案内すると言ってくれた。車で10分も走ると到着した。ミューラーが「掘っ立て小屋」と表現した通り、きわめて質素な家だった。確かに写真で見たのと同じ家だ。ジョンソンの1964年の訪問時と同じ状態で残っているだけでなく、今も別の住人が暮らしているという。ポーチには、古いソファが置いてあり、薪が積み上がっていた。

別れ際、ミューラーは、貧困率などの統計で、この地域の実態を調べてみたらいい、と助言をくれた。見ている以上に統計には厳しさが現れているはずだと。帰宅後に調べると、マーティン郡の家計所得の中央値は2万5795ドル(約300万円)と、全米(5万3889ドル、約620万円)の半分だった。貧困率は40%超と、全米(13・5%)の3倍に達していた。

アメリカなのに新車を売っていない街

やっと食事のできそうなダイナー(食堂)を見つけた。目立った看板もなく、アメリカ国旗が壁に掲げられている。

ケンタッキー州マーティン郡アイネズ。平日の午前10時前。すでに地元のお年寄りが6人集まってコーヒーを飲んでいた。周囲の別のテーブルの客も含め、全員が白人の高齢男性で、カントリー・ミュージックの人気歌手ドリー・パートン(Dolly Parton)の話で盛り上がっていた。「死ぬ前にもう一度、ドリーに会いたい」「すぐにテネシー州のコンサートに行こう」「最高だ、しびれるぜ」

常連客の会話に店員も苦笑している。その店員に何を注文するべきかと聞くと、「グレイビーソース付きのビスケットが一番人気」と教えてくれた。言われた通りに注文し、会話にまざるため6人の隣のテーブルに着席した。

「ほお、なかなかいい注文だね」と声を掛けてきてくれたのは、元高校教諭のラッセル。6人のリーダー格のようだ。

するとラッセルの隣の男性が「キミは日本の記者でしょう」と言う。私が驚いていると、彼はミューラーの友人だった。アパラチア山脈の街々はどこでも似ているが、アイネズの白人比率は89％。アジア人はほとんどいないため、とにかく目立つ。

ラッセルは、64年当時、教師として、生徒をバスで連れてジョンソンの訪問を見学に行ったという。となると、年齢は70代の後半は超えているだろう。地元の事情を解説してくれた。

やっと食事のできそうなダイナーを発見（ケンタッキー州アイネズ）

「一帯は石炭産業で栄えたが、それをすっかり失った。炭鉱はすべてだった。ここには工場もない、店もない。自動車産業で世界を引っ張ったアメリカというのに、この街では新車も買えない。どこを探しても新車を売っていない。古くなった車がグルグルと住民の間を巡り巡っているだけ。道を走っているのは、みんな中古車だ。新車が欲しけりゃ、郡の外に出ないといけない」

アメリカなのに新車が買えない、ということが、ラッセルにとっては街の衰退の象徴のようで、とても悔しそうだ。

社会福祉の話題になった。アパラチアの街々で高齢者

ダイナーで出会った元炭鉱労働者

と話すと、必ずこのテーマになる。

33年間、教師として働いたというラッセルが突然声を落として言った。

「この一帯の人々がいまどうやって生計を立てているのかって？　私の勤務先の高校では80％の生徒がブルー・チェックだったんだ」

「ブルー・チェックとは社会福祉のことですか？」と私が聞くと、「シッ！　そんな言葉を使ってはダメだ。みんなその言葉にとても敏感だから」と慌てて店内を見渡した。どうやら社会福祉で当たっていたようだ。先ほども紹介したが、マーティン郡の貧困率は4割を超えている。全米の13・5％に比べ突出している。

炭鉱復活「トランプがやってくれる」

ラッセルが言う。「彼の話を聞いたらどうだ？　おもしろいぞ」

紹介してくれたのは、隣のテーブルでコーヒーを飲んでいた元炭鉱労働者、グレン・クライン(77)。1957年に高校卒業後、いったん製造業の盛んなオハイオ州に出て、「ウェスチングハウス・エレクトリック」で冷蔵庫を作っていた。

だが30代半ばで地元に戻り、75～95年の20年間を炭鉱労働者として過ごしたという。73年の中東戦争を機に石炭産業がアイネズにまで開発を広げ、州外に「出稼ぎ」に出ていた人々が街に戻ってきたというミューラーの解説とぴったり重なる。

クラインは炭鉱労働者の誇りを語ってくれた。

「背中に大きなケガをして手術するまで20年間、２つの炭鉱会社に勤めました。石炭を掘る、鉱山の空調機の運転を安定させる、石炭を運ぶベルトコンベヤーを運転する。まあ私の仕事は、そんなところですな。みんながやっていたことですよ。それに給料もよかった」

隣に座った、やはり元炭鉱労働者の男性もうなずいて聞いている。クラインが続ける。

「あなたも自宅で電気をつけるでしょ。スイッチで、カチッと。夏なら当たり前のようにエアコンを使うでしょ。電気はほとんど石炭からだったんですよ。みんなが石炭の世話になってきたわけです」

「そもそもね、第一次世界大戦も、あなた方(日本)と戦った第二次世界大戦も、勝てたのは鉄のおかげでしょ？　製鉄所のエネルギー源は、どこも石炭でしたよ。これまでのアメリカの繁栄があるのは、石炭のおかげ。若い人はまったくわかっていない」

クラインは、店のナプキンに図示してくれた。

真ん中に大きく「Coal(石炭)」と書いて、そこから2つの矢印が伸びる。

石炭→電気→エアコン

石炭→鉄→戦争→勝利→スーパーパワー

「とってもシンプル。でも、これが真実ですよ」と自信満々の笑顔。気付くと、周囲の男性陣ものぞき込んでいる。

「今は天然ガスだとか、風力発電だとか言っていますが、うまくいくんですかね。少なくとも、この街は死にました。人々の暮らしがダメになったら、それは失敗でしょ。石炭をエネルギーの主力に戻すべきです。それだけで、すべてがうまくいく。石炭は万能薬。すべてを建て直してくれるんです」

石炭産業の復活を求める元炭鉱労働者グレン・クライン(右)

「私は炭鉱労働者だけのために発言しているんじゃありません。この辺の食料品店も洋服店も、さっきの自動車販売店も、すべてに影響するんです。石炭がアメリカを世界最強の国家に成長させた。石炭がアメリカのバックボーン(背骨)。疑いありません。石炭産業がうまくいっているときは、すべてがうまく回っていたのです」

周囲の男性陣がみんなうなずいている。クラインが再び話し始めた。

「ところが、突然政治家たちが「石炭は汚い」と言い始めた。原油の採掘は続けているくせに、石炭だけ狙い打ち。ＥＰＡ（米環境保護庁）が諸悪の根源、アメリカをダメにしたんだ」

品の良いたたずまいのクラインから怒りの言葉が出たので、みんなドッと笑った。

最後にクラインがトランプを支持する理由を語った。

「石炭産業は完全に復活させるべきです。人々は給料をもらえて、自動車も買えるし、家も買えるし、子どもを育てることもできるようになる。それがすべてでしょう？」

そんなことを誰ができるのでしょうか？　質問すると、そんなバカな質問をするな、といった調子で言った。

「もちろんトランプですよ。彼がやってくれる。周辺の雑音なんて気にしない。思ったことを、そのまま口にする。政治家のようにウソをつかない。だからみんな支持するんです。民主党は逆ですよ。クリントンは石炭産業を潰す。オバマと同じ路線だ。私は、自分がマーティン郡の老いぼれだってことぐらいはわかっていますよ。私は街に残る、この街のために発言しているんです」

石炭の生産量の統計をみると、全米の生産量は２０００年の10億７３６１万（単位ショートト

道路建設業のスティーブ・ブッチャー．トラックにはトランプ支持のステッカー

ン）から15年の8億9593万（同）に16％以上落ちた。ところが地域別に見ると、ケンタッキー州では、00年の1億3068万から15年の6133万に半減以上の打撃を受けていた。

炭鉱が戻れば、カネが回る

お昼時が近づくと、現役世代の労働者たち5人が店に入ってきた。

道路建設業を営むスティーブ・ブッチャー（55）。使い込んだピックアップトラックに「トランプ　2016」のステッカーを貼っている。ただ、常に共和党支持というわけではないという。

「これまでの大統領で一番は（民主党の）ビル・クリントンだ。雇用状態もよく、（大きな）戦争もなく繁栄した。ブッシュは最悪。若者の命とカネを犠牲にしたイラク戦争を始めた。世界の混乱に何でも関与しようとした最悪の大統領だ」

では、なぜトランプ支持になったのか？

「炭鉱が戻れば、カネが回り、道路の修復工事も増える。カネは回り回る。彼は一貫して石炭産業の復活を約束している。それを信じるしかない」と答えた。

意外なことに、ブッチャーの弟ロニー(49)が近づいてきて、「みんながトランプ支持ってわけじゃないぞ、おれはヒラリーだ」と一言。「既に発電所の主力は天然ガスに切り替わった。いまさら石炭に戻せるわけがない、石炭は時代遅れだ」と兄に聞こえる声でわざわざ言う。どうやらいつも論争しているようで兄も笑っている。

弟ロニーが続けた。「トランプなんて鉱山の中に何があるのかも知らないインチキだ。石炭の塊と砂利の塊の区別もつかない。石炭産業の基本も知らない。炭鉱の復活を無責任に約束しているが、やれるわけがない」と吐き捨てた。

ロニーは、私がアイネズで出会った最初で最後のクリントン支持者だった。

煙もくもく、溶鉱炉の壁画

2016年6月。トランプがアパラチア地方で貿易政策をテーマに演説する、という情報が入ってきた。演題は「アメリカの経済的な独立宣言」。場所は、ペンシルベニア州南西部の街モネッセン(Monessen)。

聞いたことのない街だ。地図で確認すると、ピッツバーグから南へ車で1時間の距離のアパラチア山脈の中腹にあり、ピッツバーグに流れ込むモノンガヒラ川に周りを囲まれるように位置している。石炭産業と製鉄の街であることがわかる。

トランプは演説場所として、首都ワシントンや地元ニューヨークではなく、アパラチア山脈の中腹にある元製鉄所跡地を選んだ。第1章から第3章で扱ったラストベルトとも重なる。わざわざ経済的な疲弊地域に乗り込み、貿易政策を訴えるというわけだ。トランプの決意表明のようなものになるのだろう。

6月28日、私はモネッセンに早めに入り、車で街を回った。

溶鉱炉の壁画．煙がもくもくと上がる

大通りを走っていても廃墟が目につく。角地に立つビルもガラス戸はすべて抜け落ち、ベニヤ板がはめこんである。雑草が建物を覆い始めている。

かつては商店街だったのだろう。しかし店舗は店名の表示が色あせ、シャッターが下りている。3階建てのレンガ造りの建物も無人になっていたが、その一番上の目立つ外壁に絵が描いてあった。

「モネッセン溶鉱炉」とタイトルが書いてあり、20本ぐらいの黒い煙突から煙がもくもくと上がっている。鉄が次々と作られ、溶鉱炉がフル稼働していた時代の姿だ。背景には、アパラチアの山々もきちんと描かれている。この街に住む人々の誇りを感じた。

あなたリベラルなの！


演説会場はモノンガヒラ川沿いの元製鉄所跡地の建物だった。警戒中の地元の警察官によると、今はリサイクル工場として使われているという。

開始時間までもう少しある。会場の外で列を作っていた支持者の取材を始めた。すると、ちょっとしたトラブルに巻き込まれた。

「あなたリベラルなの！」

「ニューヨーク・タイムズ(NYT)紙の記者なの！」

支持者の女性を取材中、近くにいた別の女性が大声で騒ぎ始めた。すごい剣幕だ。

彼女の視線は、私が首からぶらさげていた入館証に向けられていた。私の勤務先の朝日新聞ニューヨーク支局は、NYT本社ビルに間借りしているため、入館証はNYTビルのもので「ニューヨーク・タイムズ」との記載がある。

これが誤解を招いた。ニューヨーク・タイムズ。この言葉はトランプ支持者の間では禁止用語に近い。トランプの問題点を追及する調査報道の記事を連発していたためだ。ＣＮＮやワシントン・ポスト紙に比べても、より激しい憎悪の対象になっている印象だ。

女性の騒ぎをきっかけに、周囲の人々が一斉に「あなたとは口をききません」と言い始め、取材を拒絶するようになってしまった。ここまでやって来て、トランプ支持者の取材なしに手ぶらで帰るわけにはいかない。慌てて事情を説明した。

アサヒシンブンはニューヨーク・タイムズと建物は同じだけど、まったく別の新聞を作っています。見て下さい、これが国務省発行の外国人記者証です。私は日本人です。とにかく思いついたことを何でも言ったが、なかなか信用してくれない。

「そもそもニューヨーク・タイムズの記者の英語がこんなに下手くそなわけないでしょ！」。悲しいかな、こう叫んだら「言われてみれば」「確かにそうね」という雰囲気になり、理解者が現れた。

エドナ・プリンキー（80）。隣にいる大学生の孫娘レイチェル・パスタース（22）と一緒に取材に応じてくれた。

エドナは、トランプを支持する理由をこう語った。

「彼は庶民の気持ちをわかっている。炭鉱復活や偉大なアメリカの復活など、私がずっと政治家に期待してきたことを主張している」

彼女の家族は、父、夫、長男の3世代が炭鉱労働者の「炭鉱一家」という。

「連邦政府の規制やグローバル化のせいで炭鉱と製鉄所が閉鎖されてしまい、このエリアからは何もなくなってしまった」「孫の世代の就職先がない」と不満を口にした。

地元紙の記者によると、以前は近隣も含めて数万人が製鉄所で働いていたが、今やペンシルベニア大学カリフォルニア校とモノンガヒラ・バリー病院が地元で最大の雇用主。この記者は「つまり平凡な街になったわけです」と話していた。

トランプ支持のエドナ・ブリンキー(左)と孫レイチェル・パスタース

ニューヨークに赴任以来、炭鉱3世代の一家に出会ったのは初めてだった。いつか追加取材を、と思ってプリンキーと連絡先を交換して別れた。

聞き心地のよい演説

トランプの演説は、いつもの通り、まずは地域に寄り添う発言から始まった。トランプは結果的に、この地域を含むアパラチア地方で圧勝した。結果的に今回の大統領選を左右した、アパラチア地方とラストベルトの重なる街でのトランプの演説。その要旨を紹介したい。

アパラチア地方の元製鉄所跡地で貿易政策を発表するトランプ

「本日、私はアメリカを再び裕福にする方法についてお話しします。これはやらねばなりません。ピッツバーグは、建国の中心的存在でした。ペンシルベニアの鉄鋼労働者の功績はアメリカの風景を形作った橋、鉄道、摩天楼に残っています。しかし労働者たちの勤労は裏切りという仕打ちを受けたのです。皆さんは誰よりもそのことを知っているでしょう。グローバリゼーションのせいで、仕事や富、工場はメキシコに移ってしまいました。グローバリゼーションは金融エリートを肥やしました。恥ずかしながら私もかつて、その1人だったのです」

ここから現職の政治家の批判と自分の宣伝に切り替わる。ライバル候補のクリントン批判も続く。クリントンは「現状維持」、自分は「変化」の象徴である、という単純な構図だ。

「数百万人の労働者たちが貧困と苦悩の中に置き去りになっているのに、政治家は何もしませんでした。私たちの仕事がなくなり、高い失業率に苦しんでいるというのに、彼らは何年もの間、傍観してきました」

「多くの地域では今も回復の兆しはありませんし、今後も回復しないでしょう。私が大統領にならない限りは。私が大統領になれば、すぐに回復します。政治家は私たちの生活手段を奪いました。愛する仕事が何千マイルも遠くに送られていくのを眺めていました。ペンシルベニア州の多くの街々はかつて栄えましたが、グローバリゼーションはミドルクラスを全滅させました。まだ取り返せます。しかもすぐに」

「しかし本当の変革を目指すなら、威圧的な政治家や政治の王朝は拒絶せねばなりません。彼らは現状を維持させるためには何でもやります。システムを不正に操る人間はクリントンを支持します。彼らは、クリントンが政権に就けば、現状を維持できることを知っているからです。街は貧しいまま、工場も閉鎖されたまま、そして国境は開きっぱなしになります。クリントンとグローバルな金融業界にいるクリントンのとりまきたちはアメリカ人が夢を描くことを断念させ、より良い未来のために一票を投じることを阻もうとしているのです」

「私は真逆のメッセージを持っています。皆さんにはアメリカン・ドリームを実現できる、より良い人生を思い描いてほしい。現状では無理です。アメリカを金融面でも外交面でもどん底に陥れたエリートから独立した時に、どれだけ人生が良くなるかを皆さんには想像してほしい。イギリスにいる私たちの友人も最近、経済と政治と国境の支配権を取り戻しました」

「悲しいことに、私たちは方向を見失いました。アメリカは製造業で世界の経済大国となりました。皆さんもよくご存じでしょう。富がつくられ、広く配分され、世界最大のミドルクラスを形成しました。しかしアメリカはその政策を変えたのです。国内の発展よりも海外への進出を重視するようになったのです。外国が様々な手段で不正を働いているのに、私たちの政治家は何ら対処しませんでした。その結果、膨大なドルと仕事が海外へと出てしまったのです」

「今日私たちは輸出よりも多く輸入しています。これを続けるわけにはいきません。しかもこれは自然災害ではなく、政治家の生み出した災害なのです。簡単なことです。正しく考えられる人間がいれば、短期間で修正することができるのです」

「アメリカニズムよりもグローバリズムを崇拝した指導者たちのせいです。今こそ、経済的独立を宣言するときです。それはドナルド・トランプに一票を投じるということです」

「ビル・クリントン政権が中国をWTOに加盟させてからピッツバーグの街、そしてペンシルベニア州は3分の1の製造業の雇用を失いました。また同時期に全米の5万の工場が閉鎖されました。貿易赤字の半分は中国との貿易によるものです。クリントン国務長官はまた、仕事を失わせるような条約を韓国とも締結しました。これにより韓国との貿易赤字も倍増し、国内では10万近くの雇用がなくなりました。(民主党予備選候補の)サンダースも言っていたように、ヒラリー・クリントンは何百万という国内の職を失わせるような、ほぼすべての貿易協定を支持してきたのです」

「TPPは国内製造業にとって致命的な打撃を与えるでしょう。海外の利益を自国の利益よりも優先させるので、私たちの経済的利益はなくなるでしょう。ペテン師たちは約束に従いません。私たちの競争相手は安価な商品をアメリカ市場に送り込み、しかし私たちの商品は輸出できないよう妨害するでしょう」

ここまで訴えた上で、ニュースになった宣言をした。それまでもトランプは予備選を通じてTPP批判を繰り返していたが、この日は「アメリカの製造業に致命的な打撃を与える」として離脱を明言。交渉には日本を含む12カ国が参加したが、今後の貿易交渉は多国間ではなく2カ国間で進め、「最もタフで賢い交渉担当者を任命する」と約束した。

NAFTAについても再交渉を求め、相手国が応じなければ「撤退の意思をちらつかせる」と宣言した。さらに、中国との間の貿易赤字や雇用流出を批判し、中国を為替操作国に認定するよう、財務長官に指示することも約束した。

多様性を憂う声

1カ月後、トランプが共和党候補に正式指名される党大会があった。熱狂する代議員や党員らの中に「トランプ　石炭を掘る（Trump Digs Coal）」のプラカードが揺れていた。特にペンシルベニア州の代議員席の近くで目立つ。炭鉱の復活を掲げてきたトランプへの熱烈な支持の表明だ。モネッセンの演説会場で取材したエドナ・プリンキーの顔が思い浮かんだ。やっぱり話をじっくり聞いてみたい。電話を掛けると、追加取材を歓迎してくれた。

２０１６年8月9日、ペンシルベニア州コネルズビル（Connellsville）の自宅を訪れるとエドナが元炭鉱労働者の夫と一緒に迎えてくれた。

私は同僚ともよく議論してきた、素朴な疑問をぶつけてみた。

「トランプ支持者の皆さんは、アメリカを「再び偉大に」と言いますが、よそに比べれば十分に偉大な国と思いますよ。土地も広いし、エネルギーも豊富。世界への影響力もまだ大きい。現に私のような海外の記者も大統領選を取材している。何が不満なのですか？」

するとエドナは言った。

「アメリカの偉大さはこんなものではなかった。比較にもならない。１９６０年代からずっと下り坂。50年代のアメリカが最高でした」

当時を振り返るエドナの目は輝いていた。

「石炭産業は盛況で、労働者は稼ぎたいだけ稼ぐことができた。街の中心部には映画館が3

つもあり、自宅から10セントのバスで毎週映画を見に通っていた。街全体にモラルがあった。公立学校では聖書をきちんと教えていたので、みんな勤勉で、礼儀正しくて、犯罪も起きない。外出時も就寝時も自宅にカギを掛けたことなどない。他人の子でも自分の子どものように大人がしつけをしていた」

ところが60年代から変わってしまったと嘆く。「結婚しない人も増えてしまった」

1950年代を懐かしむエドナ・プリンキー（手前），奥は元炭鉱労働者の夫

ピュー・リサーチ・センターの２０１４年の報告書によると、25歳以上の男女で結婚したことのない人の割合は、１９６０年からの約50年間で男性は10％から23％に、女性は8％から17％に倍増しており、その数は約４２００万人に上るという。

家族の形態も急速に変わってきている。同センターによると、初婚同士の両親（異性婚）のもとで育つ子どもの割合は１９６０年の73％から、半世紀後の２０１４年に46％まで減少し、シングル・ペアレント（一人親）の家庭の子どもは９％から26％に増加した。

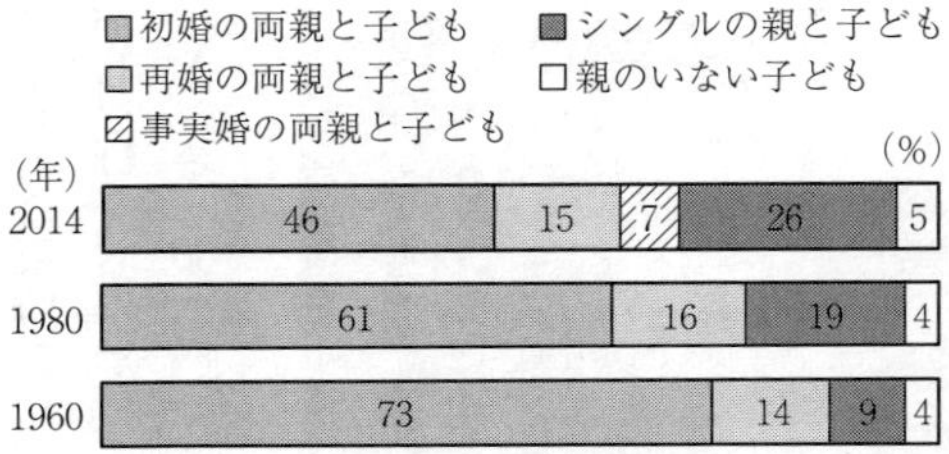

子どもにとって多様化する家族形態(子どもが誰と暮らしているのか)

出典)ピュー・リサーチ・センター

エドナの懸念は続く。

「街に知らない人が増えた。いろんな人種が増えた」

これも事実だ。アメリカでは65年の改正移民法で、ヒスパニック系やアジア系という新しい移民の波が強まった。これを境にアメリカは多数の移民を出身国による差別なしに受け入れるようになった。アメリカは「移民の国」だが、これは大きな転換点だった。

てっきりそのことかと思って聞いていたが、エドナは「ポーランド人とかスロベニア人とか、新しい人たちが増えた」と続けた。これには正直驚いた。

見えている世界が異なるのだ。私が「私から見れば、皆さんは白人で区別がまるでつきませんが」と聞くと、「イギリスやドイツの出身者と彼らは違う。異なる文化や宗教の人が増えると、やはり暮らしにくくなる。異なる人種間で結婚すれば、苦労が絶えないって言うでしょ。コミュニティーも同じですよ」と答えてくれた。

もちろんイギリスの植民地から独立を果たしたアメリカで、19世紀ごろまでは住民の多くはイギリスなどのプロテスタント系だった。19世紀末にアメリカが工業国として台頭を始めると、東欧や南欧からポーランド系、ユダヤ系、イタリア系などが急増した。当時、彼らは「新移民」と呼ばれたが、その後に中国系や日系、中南米からヒスパニック系が流れ込むと、彼らも「新移民」と呼ばれた。アメリカは、いわば新移民の流入を繰り返してきた多民族な国家だ。宗教も人種も言語も習慣も異なる。そんな社会の多様化に違和感を覚える人はもちろんいる。

私はかつて静岡県内で日系ブラジル人社会を1年半ほど取材したが、公営団地でブラジル人の住民比率が増えることに懸念を募らせる人は特に高齢者に目立った。「わからない言語で話している」「週末の音楽がうるさい」「ゴミ捨てのルールを守らない」という思いが、不安や不満につながっていた。「共生」には、労力と時間がかかる。日本がアメリカ並みに多様化すれば、エドナと同じ違和感を覚える人は増えるだろう。

高齢白人に増える共和党支持

1960年代以降、アメリカでは社会変革を求める運動が盛り上がった。

人種差別の撤廃を求める公民権運動、70年代には環境保護、女性解放、消費者運動などが続いた。同性愛者の権利拡大を求める動きも活発化した。

公立学校で聖書を読む。そんなキリスト教の信仰を基盤とする、白人中心のアメリカ社会が当たり前だった世代にとっては、「白人のマイノリティー化」が予測されるまでに至った、今のアメリカはまるで別の社会に見えているのだろう。

ピュー・リサーチ・センターによると、全人口に占める白人の割合は、１９６５年は84％と圧倒的な多数派だったが、２０１５年は約62％まで減少した。さらに30年後の２０４５年には約50％にまで減少すると予想されている。トランプが「アメリカを再び偉大に」と叫ぶ時、エドナは50年代を思い描く。60年代以降の急速な社会の変化に違和感を覚えている人は多いのかもしれない。

白人の高齢者の間では、共和党支持が急増している。前々回の大統領選があった２００８年、65歳以上の白人の支持は、共和党45％、民主党44％と拮抗していたが、２０１６年は共和党58％、民主党37％と21ポイントも差が開いている。

床屋談義はトランプ絶賛

プリンキー宅を離れ、街の中心部に行ってみた。エドナが懐かしむ、映画館があった街並みを歩いてみた。すると偶然、理髪店の前に大きな石碑を見つけた。

一番上に「十戒」と刻んである。「モーゼの十戒」だ。聞いたことはあったが、内容はよく理解できていない。

「主が唯一の神である」

「父と母を尊敬する」

「殺人をしてはいけない」

「姦淫《かんいん》をしてはいけない」

「盗んではいけない」

しばらく読解を試みていると突然、理髪店のドアが開いた。「珍しいお客さんだ、どこから来たんだい？」。緑色のTシャツに短パン姿の男性が声をかけてきた。

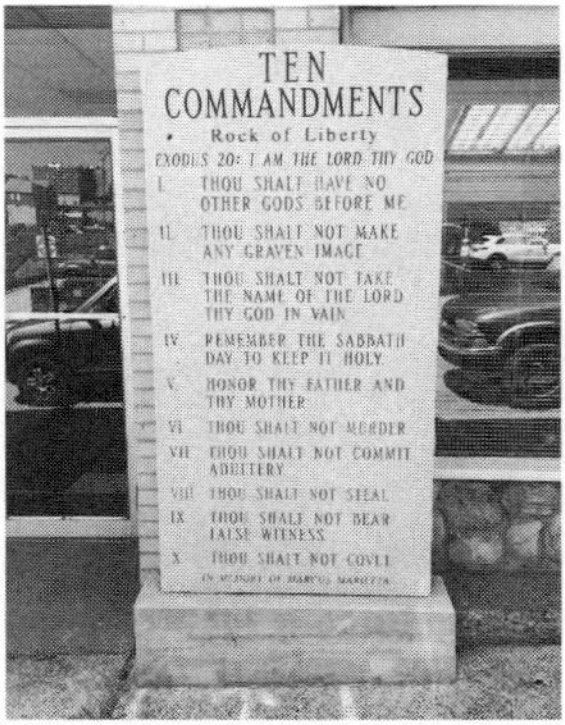

理髪店前にあった「モーゼの十戒」の石碑

「日本の新聞記者です」

「へえ、それはえらく遠くから。十戒に関心あるの？」

そんな具合で会話が始まった。人通りはほとんどない。白人が93％超、黒人4％のこの街で、アジア人は目立ったのだろう。

この男性、エド・スミス(77)が、ここに十戒が立てられた経緯を説明してくれた。

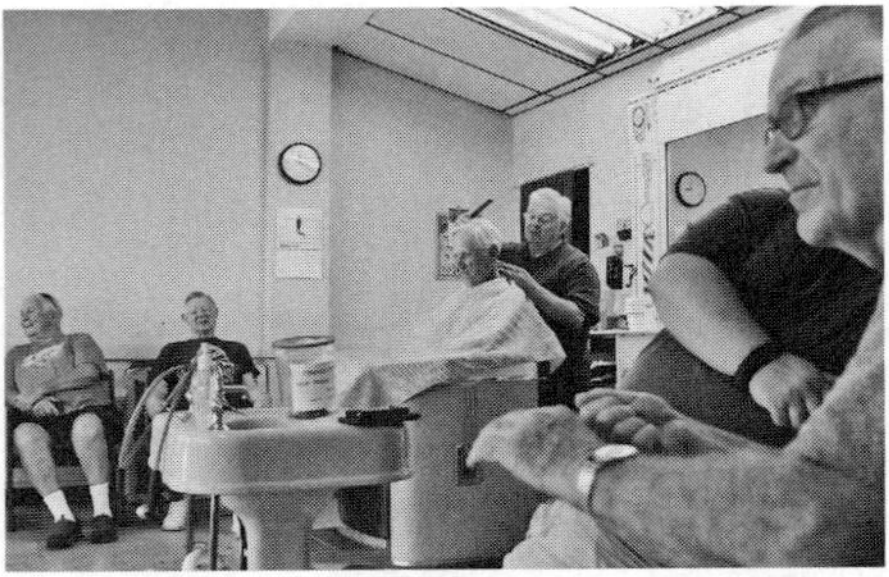

理髪店内では白人の高齢者たちが政治談義の真っ最中だった

「ウィスコンシン州の女性が各地で訴訟を起こし、公立学校の敷地内の「十戒」を撤去するよう求めている。そこで地元の住民たちが、撤去された石碑を私有地に移す活動をしてきた。これもその1つ。街中で見かけますよ。もちろん教会の敷地にもある。日々の暮らしの中で、みんなに見える場所に「十戒」があればいいんだからね」

外は暑いから、中に入って座りましょう。そう誘ってくれたので、お邪魔することにした。

床屋ではスミスを含めて男性8人が文字どおり「床屋談義」をしていた。全員白人だ。ほとんどの人は髪の毛が真っ白。1人をのぞくと全員が70～80歳前後だった。

なんでも質問しろ、と言ってくれたので、「不勉強で申し訳ないが」と断り、なぜ十戒が大切なのかを聞いてみた。ニューヨークの街中では、ほとんど見かけない気もする、とも付け加えた。

すると、今のアメリカ社会への不満が噴出した。

「若者が学校で聖書を学ばなくなり、勤労意欲が落ちた」「若者が働かず、（納税せず）社会のフリーライダー(ただ乗り)になっている」「福祉依存が当たり前になり、「ちょうだい、ちょうだい」と言えば生きていける社会になってしまった」

共通しているのは、今の若者の勤労意欲が低下していることへの嘆き、といったところだ。福祉国家という言葉も、マイナスの意味で使われている。社会からモラルが失われる今、改めて「モーゼの十戒」が示す教えの重要さが認識されているのだという。

「若いうちに働いたり大学に通ったりしないで、マクドナルドで働く若者がいる」

こんな指摘も飛び出した。飲食店の店員は彼らの認識では「仕事」に含まれていないようだ。第1章で紹介したオハイオ州の元鉄鋼マン、ジョーも似たような発言をしていた。ジョーは、「ここに残っているのは(量販店の)ウォルマートやKマートで他国の製品を売る仕事ばかりじゃねえか。オレは現役時代、最後の最後まで日給200ドル(2万3000円)はもらっていた。それが今のサービス業はせいぜい時給12ドル(1380円)。それで若者が生活できるわけがない」と嘆いていた(34ページ参照)。先進国の産業構造が、製造業からサービス業にシフトする中では、現役世代には受け入れがたい批判というしかないだろう。

アメリカでは、連邦最高裁判所が1962、1963年の判決で、公立学校での祈りと聖書の朗読を違憲とした。祈りも聖書もキリスト教に基づいており、結果的に他宗教を排除することになり、「信教の自由」を保障した合衆国憲法修正第1条に反する、という趣旨だ。この時期に公民権法などのリベラルな判決を次々と出した法廷は、首席判事アール・ウォーレンの名から「ウォーレン・コート(法廷)」と呼ばれた。

「モーゼの十戒」の公立学校からの撤去を求める訴訟も、同じ流れにあるようだ。

スミスは「ウィスコンシン州の女性」と言ったが、調べてみると、確かにウィスコンシン州に拠点を置く非営利の教育団体「宗教からの解放財団(Freedom From Religion Foundation)」の関係者が各地で同種の訴訟を起こしていた。「教会と国家の分離」を推進する78年設立の団体で、2万3000人の会員に支えられているという。

私は大統領選についても聞いてみた。「このファイエット郡ではトランプが6割以上を得票して圧勝だった。ここにトランプ支持者はいますか?」

8人が顔を見合わせて笑った。「そりゃ、みんなだよ。全員がトランプ支持者」とスミス。トランプ支持者であることが当たり前のような話しぶりだった。

民主党候補のヒラリー・クリントンや現職のオバマではダメなのだろうか。そんな質問をすると、一斉に反発が返ってきた。

「ヒラリーは刑務所に送るべきだ」。トランプが本選で繰り返してきたセリフそのままだ。トランプが言わなくても、集会では支持者から「彼女を刑務所に送れ」コールが湧き起こる。

次から次へと彼らのホンネが飛び出してくる。

「ヒラリーの夫ビルも一緒に刑務所に行くべきだ」「無期刑でちょうどいいぐらいだ」「私はアメリカ大統領という立場は尊重するが、今そこに座っている人物(オバマ)は尊敬できない」「私は肌の色を問題視しているのではなく、彼の政策を支持しないのだ」「私たちは社会主義者を求めていない」「オバマケア(医療保険制度改革)では連邦政府の権限を強めすぎだ」「中国のような(中央政府の権限が強い)国家にはなりたくない」「イスラムはいらない」

誰が何を言ったかわからなくなるので、こういう取材はたいてい失敗する。やはり1人にしっかり聞こう。

トランプが「アメリカを再び偉大に」と叫ぶ時、スミスは何を思うのだろうか。

「他国がアメリカに、あれをやれ、これをやれ、と言ってくることにウンザリしている。本来は逆だ。アメリカは他国にこれをやれと指図する立場にある。アメリカはそれに値する国だ。あなた方日本人は、長年アメリカを仰ぎ見てきたのに、今やアメリカは水準以下に落ち、なめられている。トランプは、アメリカを元々の位置に戻す、と言っているんだ」

日本を含め、多くの国がアメリカの戦後の暮らしぶりにあこがれてきたのは事実だろう。彼らはやはり、「唯一の超大国」としてのアメリカが懐かしいようだ。スミスは続けた。

「かつては誰もがアメリカを恐れていた。今はアメリカを恐れていない。トランプはこの国を経済的にも軍事的にも再び最強にする」

「アメリカの衰退は、特に雇用で深刻だ。海外に雇用と富が流出した。もうかったのは一部の国際的な大企業ばかりだ。これは不愉快になる事実だから誰も言ってこなかったが、トランプはホンネ丸出しで、ズバリ指摘した。彼の示している方向性は、まったくもって正しい」

「社会福祉をアテにするのではなくて、一人ひとりのアメリカ人が自分のカネを自分で稼ぐようになればアメリカを再建できる。社会主義的な考え方を広める政治家には注意した方が良い。それはアメリカではない」


スミスの話を、みんなうなずきながら聞いている。

「トランプは新鮮な息吹だ」なんて絶賛の声も出た。

私が帰り支度を始めると、スミスが「これからどっちに行くんだ」と聞いてきた。

「もう少し南へ、ケンタッキー州まで行きたい」と答えると、8人がどっと笑った。

「ケンタッキーに行っても山しかないぞ。何もない」「大切なものはすべてペンシルベニア州にある」「こんな小さな街でも、1930年代のオリンピックに陸上の金メダリスト、ジョン・ウッドラフ(John Woodruff)を送り込んだんだぞ」

近隣の州へのライバル心があるようだ。お国自慢はしばらく終わりそうになかったが、コネルズビルを後にした。

アパラチアを制覇したトランプ

選挙が終わってみると、トランプはアパラチア地方で圧勝だった。選挙結果を反映させた地図を広げると、共和党候補トランプが勝った州が赤色に、民主党候補クリントンが勝った州が青色に染まっている。北はペンシルベニア州に始まり、オハイオ州東部、ウェストバージニア州、ケンタッキー州とテネシー州の東部は、共和党カラーの赤にほぼ染まった。

バージニア州は、州全体では民主党が勝利したので青色だ。しかし、郡別に見てみると、首都ワシントンに近い都市部は青色だが、西半分のアパラチア地方はほとんど真っ赤に染まっていた。都市部に強い民主党と、アパラチア地方を含めて地方に強い共和党。その傾向がくっきりと出た。

大手総合情報サービス会社ブルームバーグの選挙後の結果分析が興味深い。郡別に分析すると、トランプは白人の多い郡で勝ったことが明らかになった。白人比率が少なくとも85%の郡で62%を得票し、クリントンの33%を引き離した。前回の2012年大統領選では、オバマは

41％を得票していた。

9歳で初めて黒人を見た

この章を閉じる前に触れておきたいことがある。それは人種差別の問題だ。

アパラチア地方の取材で1人だけ、トランプ人気の理由の1つには、「潜在的な人種差別があると思う」と話してくれた高齢の男性がいた。

繰り返しになるが、アパラチア地方の多くは白人の街だ。白人の比率が8、9割を超えることは普通で、ニューヨーク市(約33％)やロサンゼルス市(約29％)とはまるで違う。私もレストランなどに入ると、ニューヨークでは体験したことのない視線を感じる。慣れるまでに多少の時間がかかった。

この男性は、「オバマ大統領が黒人で、この国には信じられない人種差別主義者がいるため、私はずっと大統領がいつか暗殺されるのではないかと心配して過ごしてきた。彼が任期の最初の頃アフリカ系であることを強調せず、あまり独自色を出さなかったのは、それを警戒したからだろうと思っていたぐらいだ」と話し始めた。

アパラチア地方で生まれ育った男性自身、初めて黒人を見たのは9歳の頃という。友人と外で遊んでいたら、どこからかやってきた車が食堂の前に止まった。その中に、黒人の男性が白人と一緒に乗っていたという。

「私は最初、彼の顔が黒いので、すすの付いた炭鉱労働者と思った。当時、ラジオで黒人のアクセントをまねる番組があったから、この世に黒人が存在することは知っていたけど、見たことはなかった。車は食堂の前で止まると、白人は店内に入っていったが、彼は車内に残ったまま、サンドイッチを食べていた。私は友人と一緒に駆け寄り、近くで彼のことをジッと見た。彼の手のひらはピンク色だったことに驚いた。すると彼は幽霊の話をしてくれて、私たちは夢中になった。仲良くなると、彼が小銭をポケットから取り出し、『店内でソーダを買ってきてくれないか』と言ったので、私たちは走って買いに行った。彼はソーダを飲み干すと、クラッカーの余りをおやつとして私たちに分けてくれた。私にとっては、最初の黒人との出会いがとても良いものだった。彼が自分で店内に買い物に行かなかったことの理由を知ったのは、数年後だった。当時、黒人は差別されていて、白人のレストランに入れなかった。地元には黒人が1人もいなかったし、差別の歴史をきちんと知るには時間がかかった」

アパラチア地方の多くの白人にとって黒人は珍しい存在だった。とうぜん個人的に付き合ったこともなく、特に高齢者は偏見を抱きやすいという。

トランプは選挙期間中、人種だけでなく、イスラム教や女性、身体障害者など、自分と異なるあらゆる属性の人々を侮蔑する言動を繰り返した。共和党の正式候補を1人に絞り込む予備選の期間中には、白人至上主義団体「クー・クラックス・クラン（KKK）」の元幹部から支持表明を受けたことについて、CNNの番組で司会者から「支持を拒絶するか」と複数回にわたって問われたが、「白人至上主義団体について私は何も知らない。彼が私を支持したのかも、何が起きているのかも知らない」などと、とぼけて見せた。

この対応に共和党内のライバル候補は「KKKへの非難を拒否するような候補者で、どうやって党勢を拡大するのか」（ルビオ上院議員）、「とても残念なことだ。KKKは忌まわしい」（クルーズ上院議員）などと批判。民主党側からも「哀れだ」（クリントン元国務長官）、「KKK非難を拒絶する扇動者」（サンダース上院議員）との非難の声が上がった。

批判を受けたトランプは「質の悪いイヤホンで（番組中の）質問がほとんど聞こえなかった」などと弁明した。

こうした対応は、このアパラチアの男性を含めて一般的に衝撃だった。普通の政治家であれば、一発でアウトになる事態だ。それでもトランプ人気は失速しなかった。

男性は、こうしたトランプの姿勢は計算されており、さらに多様化が進むアメリカ社会に違和感を覚えている地方の白人高齢層へのアピールになっている可能性がある、と指摘した。

民主党予備選の候補サンダースの登場に大喜びの支持者(ウェストバージニア州)

第6章
もう一つの大旋風

トランプを大統領の座にまで押し上げた「反エスタブリッシュメント」感情のうねりは、2016年の大統領選で、もう一つの旋風を巻き起こした。自称「民主社会主義者」の上院議員バーニー・サンダース(74)の躍進だ。

少し背中の曲がった民主党の「泡沫候補」は当初、満足な資金も組織もなかったが、「ひと握りの億万長者ではなく、すべての人のために機能する経済」「公立大学の授業料無料化」「最低賃金時給15ドル」「国民皆保険」などの実現を訴え、急速に支持を拡大。特に若者からの熱狂的な支持を集め、一時は個人献金者数の最高記録を打ち立て、本命候補の元国務長官クリントン(69)との接戦を演じた。

2016年大統領選を象徴する、もう一つの旋風だ。本章では、サンダースの訴え、支持者の思いを報告する。

5分の出馬会見

少し猫背の男性が折りたたんだ紙を手にすたすたと歩いてくる。スーツは少し大きめ。カメラマンと記者30人ほどが囲む屋外の演台で立ち止まると、5分ほど演説した。さらに5分ほどの記者との質疑を終えると、また歩いて引き返していった。

2015年4月30日、首都ワシントン。これがバーモント州選出の上院議員、バーニー・サンダースの立候補会見だった。サンダースが5分間で訴えた争点は主に6つ。

・大半のアメリカ人は、低い賃金のために、より長く働いている。技術革新が進み、生産性は向上しているのにインフレ調整後の収入は減った。なぜこんなことになった？
・上位1％が下位90％とほぼ同じ富を所有している。モラルに反しているだけでなく、持続可能でない。主要国の中でアメリカは子どもの貧困率が最も高い国で、この状態は続けてはいけない。
・大富豪が献金で選挙戦と候補者を買収している。
・地球温暖化は最大の環境危機。アメリカは、化石燃料から持続可能なエネルギーへの転換で、世界で指導的な役割を果たすべきだ。
・職探しを断念した人や、フルタイムで働きたいのにパートタイムで働いている人も含めれば、本当の失業率は5・5％ではなくて11％になる。雇用創出の必要があり、最良の方法はインフラ整備。
・有望な若者が進学を断念している。公立大学の授業料を無償化するべきだ。

当時、ほとんどの人はサンダースが大旋風を巻き起こすことになるとは思わなかったに違いない。ワシントン・ポスト紙の見出しは「見込みのない候補者」。ニューヨーク・タイムズ紙も「サンダースの挑戦は、勝つ見込みが低いと見られている」と指摘した。

ただ、サンダース本人は「私のことを過小評価するべきではない。(これまでの選挙で)私は二大政党制システムの外から出馬し、民主党と共和党の候補を倒してきた。大口献金を受け取る候補者に挑んできた。バーモント州で共感を呼んだ(私の)メッセージは、この国全体でもそうなるだろう」と、AP通信に話していた。二大政党のどちらにも所属せず、無所属で当選を続けてきたことへの自信がみなぎる。本人は強気だった。

地元紙編集長の思い

「地元のおじいさんがホントに大統領選に出てしまった」

そんな思いでサンダースの出馬会見をテレビで見ていたのは、地元バーモント州バーリントン(Burlington)の新聞社「バーリントン・フリー・プレス」編集長のアキ・ソガ(58)だ。小学校1年で家族と渡米した日系アメリカ人。地元紙で25年間働く最古参で、サンダースとの付き合いは長い。

サンダースの事務所は新聞社から徒歩5分の距離。

「私が経済担当の記者の頃なんて、しょっちゅう呼び出されたんです。本人からの電話で

「ちょっと来てもらえないだろうか」って。「またかあ」って行くんですよね」

するとサンダースは「なんで○○を記事にしないの？」「○○に興味があるなら、こんな話もある」と1人で話し続ける。しまいにはソガの署名記事を取り出し「なんでこう書かなかった？」「ここまで書くなら、もっと○○に触れてもよかったんじゃないのか？」と質問攻め。

「まあクレーム（抗議）ではなくて、サジェスチョン（提案）って感じですかねえ。本人に悪気なんてもちろんないんですよ」

サンダースと旧知の「バーリントン・フリー・プレス」のアキ・ソガ編集長

サンダースは80年代に人口4万人超のバーリントンで市長を8年務めた後、連邦下院議員を16年務め、連邦上院議員になった。

「最初の市長当選までは落選ばかり。ところが、一度当選すると波に乗った。気付いたら連邦上院議員にまでなっていた。でも、まさかその調子で大統領選にまで出るとは思っていませんでしたよ。まあ、正直に言うと、候補者として出ているんじゃなくて、とにかく言いたいことのたくさんある人だから、それを伝えるために立候補したんだろ、って思っていました」

大統領選は、まず各党が党の正式候補を1人に絞り込む予備選・党員集会から始まる。いわば党内レースだ。民主党の初戦は2016年2月1日、アイオワ州の党員集会だった。

「うちは大統領選報道としてではなく、地元のおじいさんが予備選の候補になったたって形で取材を始めました。記者を出張させると残業代を払わないといけないので、私を含めて編集者3人でアイオワに向かったんです」

ソガは取材して驚いた。アイオワは近隣州でもない。2000キロも離れている街で、サンダースが人気を集めていた。特に若者が目立つ。「まさかこんなに遠くの州外の人にまで支持されているとは思っていなかった。それにしても、なんで70歳過ぎのおじいさんの訴えに、こんなに多くの若者が喜ぶんだろってね」

アイオワ州は大接戦だった。得票結果に応じて候補者が獲得した「一般代議員」は、クリントン23人、サンダース21人。得票率では、クリントンが49・86%、サンダースは49・57%とほぼ同じ。本命候補と互角に勝負して見せた。

ソガら3人は取材経費を節約するため、アイオワ州では仲間の1人の実家に宿泊。翌日にはバーリントンに戻る予定だったが、サンダース陣営から、陣営機に乗せるから第2戦のニューハンプシャー州まで行こう、と声を掛けられた。地元紙として断るわけにはいかない。

するとニューハンプシャー州では、サンダースは6割以上を得票し、クリントン(約38%)に圧勝した。これは全米を驚かせ、各メディアのヘッドラインになった。

「アイオワ州で大敗して選挙戦が終わると思っていたら、あのクリントン相手に意外にも大接戦。それで次のニューハンプシャー州で圧勝した。私たち3人は「ホントに？　あれ？　あれ？」って。いやあ、とにかく驚いた。そこからしばらくは楽しくて仕方なかったですね。地元のおじいさんが他州でも勝つんですから。新聞を作っていて、こんなに楽しいことはありませんでした」

予算がなくなったので、同行取材はニューハンプシャー州で終わったが、その後も、地元から記事を書き続けた。「どんなにうまくいってもハワード・ディーンは超えないだろうと思っていたんですけどね。まさか最後まで選挙戦をやりぬくとはね、想像を超えていました」

ハワード・ディーンとは、2004年の大統領選に出た地元バーモント州知事(当時)。開戦直後だったイラク戦争への反対姿勢で当初は人気があったが、いざ予備選が始まると、初戦のアイオワ州で予想外の3位に終わって失速。ウィスコンシン州などでもライバル候補のジョン・ケリー(前国務長官)らに敗れ、撤退した。

いつも機嫌が悪い、おじいさん

サンダースは、どんな人なのだろうか。私が「ビールを一緒に飲みに行きたいタイプですか?」と聞くと、ソガは苦笑いして「いやあ、そうじゃないですね」と否定した。

「普通の会話をしようとしても、なんか講義されているみたいになるんですよ。いつも機嫌が悪い、おじいさんのイメージ。地元のみんなから政治家として支持はされているが、愛されるところまではいかない」という。

ソガの説明はおもしろい。私もバーモント州は初訪問だったのでとても勉強になった。

「バーモントはアメリカでも変わった州なんです。60年代、70年代のヒッピーの雰囲気が今も残っている。州法の規制で、高速道路の両脇に看板は設置できません。ニューヨークで当たり前の看板はここではゼロ。健康食への関心が高く、農業も盛んで、チーズやアイスクリームも自分たちで作る。最近はビール造りも人気です。それで(民主)社会主義者を自称し、どこの政党にも所属したがらない変わり者を州の代表にすることに誇りに感じる。アメリカの中の風変わりな州が、変わったおじいさんを支持してきたってことですね」

最後に、なぜいまサンダースが支持されたと思うかを聞いた。

「トランプ人気と同じで、みんないろいろ不満なことがあるんですね。経済的に見ればアメリカの状態はいいはずだけど、不満が広がっている。これまでと明らかに違うのは、1つにはインターネットの影響力でしょうか。昔は多くの人がテレビで同じ情報を得ていたが、最近はますます自分の好きな情報だけを選んで見られるようになった。そのため自分と同じ考えを持っている人としか話さなくなって、そうすると不満を持つ人同士がどんどんつながる。そんな変化は感じました」

結局、サンダースは全米50州のうち、22州で勝利。最後はクリントンへの支持を表明し、本選でも共和党候補トランプに対抗するため、クリントンを応援する遊説で各地を回った。

ソガは2016年8月、地元でサンダースと30分間ほど話した。民主党全国大会でクリントンが正式候補に指名された後のことで戦いは終わっていた。

サンダースは既に次のことを考えていたという。

「大統領選で学んだことをバーモントのために活かしたい、と言っていましたね。あと、上院議員としては委員会の委員長職を2つぐらいしたいとも、さらには民主党の要職にも就きたいって言っていました」

見込みのない候補

共和党の取材を担当していた私にとって、サンダースの集会は2016年1月31日のアイオワ州が初めてだった。開始時刻に合わせて会場に到着すると、スタッフに「報道席は満員です。安全のため定員以上の入場を認めることはできません」と制止された。

であれば一般席にと回ったが、やはり制止された。同じように会場入りできないイタリア人の記者も目を丸くしていた。「サンダースって「見込みのない候補」じゃなかったの?」

ガラス越しに集会を眺める。振動でガラス戸が揺れる。サンダースの叫びが漏れてきた。「政治革命です!」

私にとってサンダースはこの日、3つ目の集会取材だった。共和党候補のマルコ・ルビオ、テッド・クルーズ両上院議員の集会を終えて、時間が間に合いそうだったので、ついでに見に行ったというのが正直なところだ。

ところが観衆の規模、そして熱気は比較にならないほどサンダースの集会が勝っていた。ホテルに戻ると、同僚も驚いていた。「これはサンダース、思っていた以上に来そうだな」

結果はその通りになった。全国的には無名だったサンダースが、立候補の表明からわずか9カ月後に、国務長官も務めた本命候補クリントンと、互角に勝負して見せた。

サンダースの地元の旧友の1人は、「サンダースの演説は昔と内容がほとんど変わっていない。彼が時代に合わせたというよりも、彼のメッセージに多くの人が共感する時代になったということだろう」と話していた。

サンダースの主張に共感する時代とは何か。支持者の声に耳を傾けてみよう。

支持者の声

集会で演説するバーニー・サンダース

アイオワ州での体験から私はサンダース支持者への取材も始めた。２０１６年の大統領選で噴き出した「反エスタブリッシュメント」のうねり、ミドルクラスの危機感を伝えるには、トランプ支持者だけでは不十分と思ったからだ。

具体的なサンダース支持者の声を紹介したい。

民主党予備選の第2戦となったニューハンプシャー州。投票日の前日、2月8日。あいにくの大雪だったが、サンダース集会の会場となった大学の講堂は支持者でいっぱいになっていた。同行取材してくれていた東京大学教授の久保文明とインタビューを実施した。

70代の両親と娘(15)の3世代で来ていたケリー・コナーズ(48)は、今の暮らしへの不安を堰を切ったように語ってくれた。

サンダースが「週40時間働く人が貧困に陥るべきではない」と言っているのを聞いて、あ、これだ、この人を応援しよう、と思ったんです。ヒラリーはオバマ政権の継続にしかならないから。オバマに(08年、12年と)2回とも投票した私がこんな言い方するのは変だけど、ヒラリーはエスタブリッシュメントなので変化は望めない。オバマを一般論としては支持するけど、今のアメリカには「変化」が必要です。

アメリカには途方もなく裕福な人々がいる。それなのに税金をほとんど払っていない富裕層がいるって本当でしょうか？　私がもし富裕層になれたなら、きちんと納税して社会に貢献するけど。今の社会はバランスが悪い。あまりに不公平がまかり通っている気がします。

実はオバマケア(医療保険制度改革)の負担が苦しい。保険の仕組みは複雑でよくわからないけど、私の身に起きている影響については、自分でよくわかっています。思っていた以上にオバマケアは負担額が大きかった。オバマケアが導入される以前に戻して欲しい。私たちには一定の(オバマケアに入る、入らないという)選択肢があるべきだと思う。みんなが社会保険に入るべきだとも思っていたけど、あまりに負担が大きすぎる。今の私は健康で、保険を必要としていない。それでも高いお金を負担しないといけない。

今のアメリカは生活費も高すぎます。サービスも食料も、何でも高い。月末にお金が残らない。私はきちんと働いているというのに、普通の暮らしを営むことも難しい、もう3年間もバケーション(長期休暇)で家族旅行にも出られない。昔は1年に1度、1週間ぐらい太陽の近くに行っていた、(南の方の)暖かい地域へ。ここニューハンプシャーは寒いでしょ。少しずつお金をためてね。でもそれが難しくなっている。パンの値段も上がっている、食料品が高い。最近安くなったのは、ガス代ぐらい。でも、それが元に戻ったらどうなるのよ?

隣で聞いていたケリーの母親が「昔は長期の旅行に行っていたわよね」と懐かしそうにつぶやく。ケリーには、その一言がつらかったようだ。ケリーが話し続けた。

私が稼げる金額では、もはや暮らせないってことなのね。コストがかかりすぎるのよ。以前と同じ金額を稼いでも、いまは暮らせなくなっている。働いているのに、手元にお金が残らない。すべて使い果たしている。だから家族旅行なし。両親を連れて家族旅行に行きたいんです。両親は家族旅行が好きなので。

暮らしは(前々回の大統領選があった)7、8年前から良くなっていない。私は所有していた家を手放し、今はアパート暮らし。まじめに働いているのにお金が手元に残らず、家族旅行にも行けない。私たちはもうミドルクラスではない。私にとってのミドルクラスとは、普通の人。週40時間はたらいて、自分の生活を支えて、正しいことをやるように努めて、社会で生きること。でもそれがいま消えかかっている。20〜30年前に比べて、今はより多くのお金を稼がなくては中流として生きていけなくなった。ミドルクラスは、少しずつ裕福になるべきだったと思うの、でも現実はそうじゃない。ミドルクラスは今苦しんでいるのよ。

久保が聞いた。「子どもの世代は親よりも裕福になれる。そんなアメリカン・ドリームはどうなっていますか？」

ケリーは首を横に振って即答した。

「アメリカン・ドリームの実現が本当に難しくなっている。もう家は買えない、長期休暇で家族旅行にも出られない。もうアメリカン・ドリームなんて無理よ。もちろん娘が私よりも裕福になることを期待しているわよ。でも難しいのよ。最近、娘が「将来は歯科医になりたい」と言い始めた。でも多額の費用がかかるので、うちには学費を払う余裕がない。娘は、もう夢を追いかけられない。私は彼女に説明しようとしているの。実現するには、良い大学に行かないといけない。そのためには今から良い成績をおさめる必要があり、多額の費用もかかる。つまり奨学金をとる必要があるとね。なぜかって、私に払う余裕がないからよ。彼女が夢を追いかければ、どこかで挫折することになる。そんな娘を母親として見たくないわ。彼女が疲れ果ててしまうわ。

一家そろってのサンダース支持という。最後にケリーの父親、テレンス・スウィーニー(74)が話してくれた。

私はアイルランド系移民の末裔です。私たちの時代は良かった。私のアイルランド出身の祖父母には、3人の子どもがいた。祖父は給料の高い仕事には就いていなかったが、それでもマイホームを持ち、車を持っていた。私の母は(専業主婦として)家に残って家族の面倒をみることもできた。でもそんな時代は終わった。アメリカでは、そんな中流の暮らしはしばらく前に終わった。今では両親の共働きが当たり前。1人では十分に稼げないからね。私と妻は2人とも引退し、いまは社会保障(年金)に頼って生きている。もう2年になるが、給付金は増えていないのに、生活費は上がっている。引退した人々は困っている。私は技術者だった。奈良県にあるシャープの工場にも行ったことがある。最後は情報産業で働き、良いキャリアを築き、良いお金を稼いでいたよ。私はミドルクラスだったけれど、いまは中の下になった。いずれ、さらに低くなると覚悟している。この変化は少しずつ始まり、より顕著になっている。感覚的には、中間がどんどんいなくなって、上の方と、下の方が増えている。今では、いったい誰がミドルクラスなのか思いつかないんだ。周囲にはいないよ。

一連の会話を、ケリーの娘も下を向いて聞いていた。

21世紀のフランクリン・ルーズベルトだ

ウェストバージニア州の予備選(5月10日実施)でもサンダースが強さを見せた。過半数の支持を獲得し、クリントン(約36%)を引き離した。いわば「サンダース王国」だ。同州ハンチントンで4月26日に開催されたサンダースの集会は大盛況だった。

開始の2時間前から行列に並んでいた溶接工アラン・ロバートソン(25)は、おもしろい視点を語った。「バーニーは、いつも歴史の正しい側にいたと思う。60年代にはキング牧師と一緒に公民権運動に取り組み、イラク戦争にも金融機関の肥大化にも反対してきた。彼は労働者の味方だけど、一方のヒラリーは大物有力者の側にいる。彼女は銀行のカネもウォール街のカネも何でも受け取る。同じ政党とは思えないほど違う」

この「ヒラリーが大物有力者の側にいる」との認識は、今回の選挙戦で驚くほど広まっており最後までクリントンの足を引っ張った。「現状維持派」とのイメージが定着してしまい、結果的にトランプを利した。アランはこうも言った。

「バーニーは21世紀のフランクリン・ルーズベルト(FDR)だ。今アメリカは貧富の差が広がりすぎて、私たちの世代は父の時代のようには暮らせない。まじめに働いても、家を建てて子どもに必要な教育機会を用意するという中流の暮らしは望めそうにない。あの時代と似ているんじゃない? 格差の是正を訴え、企業献金を受けないバーニーに惹かれる」

「バーニーは21世紀のFDR」と語る溶接工アラン・ロバートソン(左)

ルーズベルトは、1933年から45年までのアメリカを率いた第32代大統領(民主党)。1929年10月のウォール街における株価暴落が引き金となり、アメリカ社会は大不況に見舞われた。企業は倒産し、工場は閉鎖され、路上には失業者があふれた。そんな大恐慌後の32年にルーズベルトは当選し、就任後に「ニューディール政策」と呼ばれる一連の改革を実施。失業者を救済するための大規模な公共事業や農業の保護政策、労働者の団結権・団体交渉権・ストライキ権の保障(全国労働関係法=ワグナー法)など、連邦政府の介入で危機を乗り切ろうとした。アメリカにおける「福祉国家」への取り組みと言えそうだ。

これは大統領の権限の拡大でもあった。新しい政策を実施する上で大統領が立法面でも主導権をとる「強い大統領」の誕生だった。以後、アメリカでは連邦政府(中央政府)が社会的弱者を救済するために財政出動し、企業の経済活動にも一定の規制を課す「大きな政府」を支持する立場を「リベラル」と呼ぶことが定着した。

私はアランにも同じ質問をした。「自分をミドルクラスと思いますか?」

アランは笑って否定した。

「答えはノー。ミドルクラスは消滅しかかっている。十分な収入を得て、子どもを育てて学校に送り出すことができないんだから。ウェストバージニアはアメリカの貧しい地域だ。この街の人はバーニーやトランプに惹かれる。私にとってのミドルクラスとは、アメリカン・ドリームを信じて生きられることだ。有力者や企業経営者が富の大半を持って行ってしまう社会では、アメリカン・ドリームも死に絶えている。まじめに働けば、まっとうな暮らしを送れることを望んでいるだけなのに」

アランの父、ジェームス(65)も取材に応じてくれた。選挙権を得て最初の大統領選でジミー・カーターに投票して以来の民主党支持者だが、「もし民主党候補がヒラリーになれば、第

3政党の緑の党（グリーン・パーティー）に移る」と決めていた。

ジェームスは「民主党は普通のアメリカ人の党で、共和党は富裕層の党。ところが富裕層のカネが民主党候補にも回り始めている。その代表格が献金を何でも受け付けるヒラリーだ。大富豪が選挙も政治家も買収している。ヒラリーは、廃れたアパラチア地方の代表者にはなれない」と言い切った。

ロバートソン父子の自宅はウェストバージニア州ウェイン郡の「山奥」にあるという。貧困率20％。民主党予備選ではサンダース（得票率45％超）が、共和党予備選ではトランプ（同77％超）が勝った。2人のアウトサイダー候補が主流派に圧勝した。

私は予備選でサンダースが敗北後、ジェームスに電話で追加取材した。「本選でヒラリーを支持しますか？」

ジェームスは、「アランも私も、投票用紙に「バーニー・サンダース」と書き込みます」と即答した。クリントン不信はそこまで強い。クリントンは金融大手ゴールドマン・サックスでの講演1回で22万5千ドル（約2600万円）を受け取っていた。ジェームスは「講演記録を自主的に公開しなければ、私たちが彼女を信用することはない」と話した。

先ほどのアランの話に「街の人はバーニーやトランプに惹かれる」とあったが、トランプとサンダースの両者には似ている点がある。

2016年2月17日、サウスカロライナ州チャールストンで開催された討論会でのトランプと司会者のやりとりの一場面を紹介したい。

司会者が「今からある候補者のことを話すので、それが誰か当てて下さい」と切り出した。「その候補者は評論家からは「政界のアウトサイダー」と言われています。彼は有権者の怒りにつけこみ、大衆迎合的(ポピュリスト)なメッセージを発信しています。彼はまた国民全員が健康保険に加入するべきで、ヘッジファンド・マネジャーのような高所得者が高い税金を払うべきだと考えています。彼の選挙活動には何千人もが参加し、これまで政治に関心のなかった人も引き込んでいます。また彼はスーパーPAC(政治資金管理団体)に頼っていません。誰のことだと思いますか?」

この問いに対し、トランプは「スーパーPACだけではなく、特定の利益団体や資金提供者にも頼っていない人ですよね、それは私、ドナルド・トランプです」と自信たっぷりに答えたが、実は司会者はサンダースのことを描写していた。

サンダース旋風が興味深いのは、社会主義がほとんど支持されてこなかったアメリカで自称「民主社会主義者」の候補が善戦したからだ。

なぜ、アメリカでは社会主義が支持されないのか。ドイツの社会学者ヴェルナー・ゾンバルトは1906年の著書で、アメリカの労働者たちが社会主義に傾倒するには裕福すぎる点を以下のように指摘した。

「次に述べることは間違いがない。アメリカ人の労働者は心地の良い環境で暮らしている。概して彼らは抑圧的なまでに劣悪な住環境というものに縁がない」「男性は紳士のように、女性は淑女のように身なりを整えているため、自分たちと支配階級を隔てるギャップに外見上は気づかない」

「こういった状況では、特に快適な生活水準が永久に続くと明確に保障され、また今日に至るまでこの生活水準が変わらないと確信できてきたのであれば、「既存の社会秩序」への不満が労働者の心の中に宿らないことも何ら不思議ではない」

そしてゾンバルトは有名な結論を導く。「全ての社会主義の理想も、ローストビーフとアップルパイの前では失敗に終わるのである」(英訳 Werner Sombart, Why is there no Socialism in the United States? より引用)

この著作から110年後の2016年、富裕層(ゾンバルトの言う支配階級)と庶民のギャップが広がり続けるアメリカで、「ミドルクラスから没落する」という不安を抱えた人々がサンダースを熱狂的に支持した。ゾンバルトだったら、サンダース現象をどう評価しただろうか。

トランプのジェット機を眺める高齢者(フロリダ州)

第7章
アメリカン・ドリームの終焉

大統領選の取材を始めた当初、2015年8月ごろ、共和党予備選で首位を独走中のトランプについて、恐らくほとんどの日本の読者と同様に私も首をかしげていた。侮蔑的な言動を平然と繰り返す人物が、なぜ人気を集めるのか、と。

「トランプ王国」の報告を終えるに当たり、最初の問いに立ち戻ってみたい。プロローグで示した通り、2015年11月のテキサス州での集会取材をきっかけに、私は支持者のインタビューを本格化させた。トランプではなく、トランプという怪物を支持する、いや、支持してしまう現代アメリカに関心を持った。

終わってみると、14州で約150人の支持者にインタビューしていた。本書では、そんな支持者たちの思いや暮らしぶりを報告してきた。アメリカは広い。1人の記者がやれることには限りがある。「トランプ王国」は全米に広がっているが、ニューヨークに拠点を置く私は、比較的近い「ラストベルト」と「アパラチア地方」の取材がメインになった。地理的な偏りはあるが、それでも取材の機会に恵まれた者として、最終章では、【A】なぜトランプが勝ったのかという疑問と、【B】トランプ勝利が社会に突き付けた課題について考察をまとめてみたい。

【A】なぜ、トランプ?

トランプ勝利の理由は、グローバル化する世界で、かつての特権的・例外的な地位から転落した「アメリカ社会」に鬱積する不満・不安と、「トランプ個人の資質」という2つに分類できると考える。(得票総数ではクリントンより280万票以上少なかったトランプが勝てた背景には、米大統領選が得票総数ではなく、計538人の選挙人の獲得を競う間接選挙制を採用している点もあるが、ルールの話なのでここでは深入りしない。)

ついえたアメリカン・ドリーム

「トランプ王国」の支持者の間では、明らかにアメリカン・ドリームが死んでいた。

私が「アメリカン・ドリームを実現できそうですか?」「夢を信じていますか?」と聞くと、多くのトランプ支持者は力なく首を横に振った。さびれた街のバーでは、「何を今さら」「無意味な質問をするな」と不愉快に思う労働者もいた。酷な質問になっているのだ。

アメリカン・ドリームとは、そもそも何だろうか。

よく引用されるのが、歴史家ジェームズ・トラスロー・アダムスの1931年の著作だ。彼は「誰にとっても生活がより良く、より豊かな、より充実したものとなり、各人がその能力ないし達成に応じて機会を得ることができるような土地の夢」と定義した(『アメリカはどこへ行く

ニューヨークで働く移民１世のタクシー運転手.「子ども世代のために働いている」

のか』(本間長世著、ＰＨＰ研究所、１９８７年)から引用)。

それ以前にも19世紀からイメージは広がっていた。貧しい靴磨きの少年が懸命に働き、偶然にも恵まれて成功するという児童文学者ホレイショ・アルジャーの立身出世の物語『ぼろ着のディック』(畔柳和代訳、松柏社、２００６年)は当時数千万人に読まれたという。「私はね、君の立身出世を願っている。この自由な国では、若いころ貧乏でも、出世の妨げにならないことは知ってるね」「私もほどほどの成功はした。でもね、君くらい貧乏だったこともあるんだよ」。作中で主人公ディックに掛けられる数々の言葉が当時の貧しい若者を鼓舞してきたのだ。

私の理解では、出自がどうであれ、まじめに働いて、節約して暮らせば、親の世代より豊かな暮らしを手に入れられる、今日より明日の暮らしは良くなるという夢だ。夢を信じる環境(物語)がアメリカにあったからこそ、より良い暮らしを求めて世界から人々が移り住んできた。

いや、過去形ではない。今でも移民や難民らがそれぞれの夢を信じ、がむしゃらに働いている。この最終章を書いている今も、私はニューヨークで出会うタクシー運転手や出前を自転車で届けてくれる配達人ら、世界中から移住してきた人々の姿を思う。

しかし、ラストベルトでは死語になっていた。「アメリカン・ドリームは、オレの両親の時代の言葉だ」「いや祖父母の時代の昔話だ」という具合だ。オハイオ州トランブル郡の共和党委員長は「この一帯では、主要産業の衰退、廃業、海外移転、合併など何でも起きた。アメリカン・ドリームを実現する機会はもうない」と話した（第１章参照）。

この思いは広く共有されていた。夢を失った地域は活力も失う。ラストベルトやアパラチアで薬物中毒の死が増えている。夢の喪失と無関係ではないだろう。少なくともトランプ支持者のデイナはそう考えている（第３章参照）。

親よりも裕福になる、という夢が終わっただけではない。医療の進化などで他の先進国の人々はより長生きしているのに、アメリカの中年白人の寿命は１９９９年以降、短くなっている。親より裕福になるどころか、寿命が短くなっていたのである。

親の所得を超えられるアメリカ人は半分

夢は本当についえたのか？　もちろんアメリカでも関心は高い。大統領選後、全米メディアが一斉にある研究成果を報じた。ニューヨーク・タイムズ紙の見出しは「アメリカン・ドリーム、ついに数値化」（２０１６年12月８日付）。「夢」がそれぞれの時代にどのぐらいの確率で達成されてきたのかという調査が、膨大な税務記録が専門家に公開されたことで可能になったのだ。調査によると、1940年生まれの世代が親より裕福になる確率は約92%だった。かなりの確率で当時は夢が実現していたことになる。しかし、調査が注目を集めたのは、この確率の着実な低下を示したからだ。確率は50年生まれで約79%、60年生まれで約62%、70年生まれで約61%、80年生まれになると約50%に落ちた。今の30代半ばの世代で、親より豊かになれるのは半分ということになる(親と子の30歳時点での課税前の物価調整済みの世帯収入を比較)。

さらに興味深いのは社会的な地位の上昇の地域別の比較だ。80年代に全米で生まれた人のうち、親の所得は下位20%だったが、自身の所得は上位20%になった割合を地域別に分析すると、南部やラストベルトで低いことが判明した。AP通信は「階層間の上昇(の確率)はミシガンやインディアナなどラストベルトで低かった。いずれもトランプ勝利を支えた州だ」と伝えた。

もはやミドルクラスではない

「アメリカン・ドリームは死んだ」という思い以上に広がっていたのは「自分はもはやミドルクラス(中流階級)ではない」「中流から貧困層に滑り落ちそうだ」という嘆きだ。地域を問わず、多くのトランプ支持者から聞いた。これはサンダース支持者の不安とも重なっていた。

年に一度、勤務先から長期休暇をもらい家族と遠出する。これは多くのアメリカ人にとって

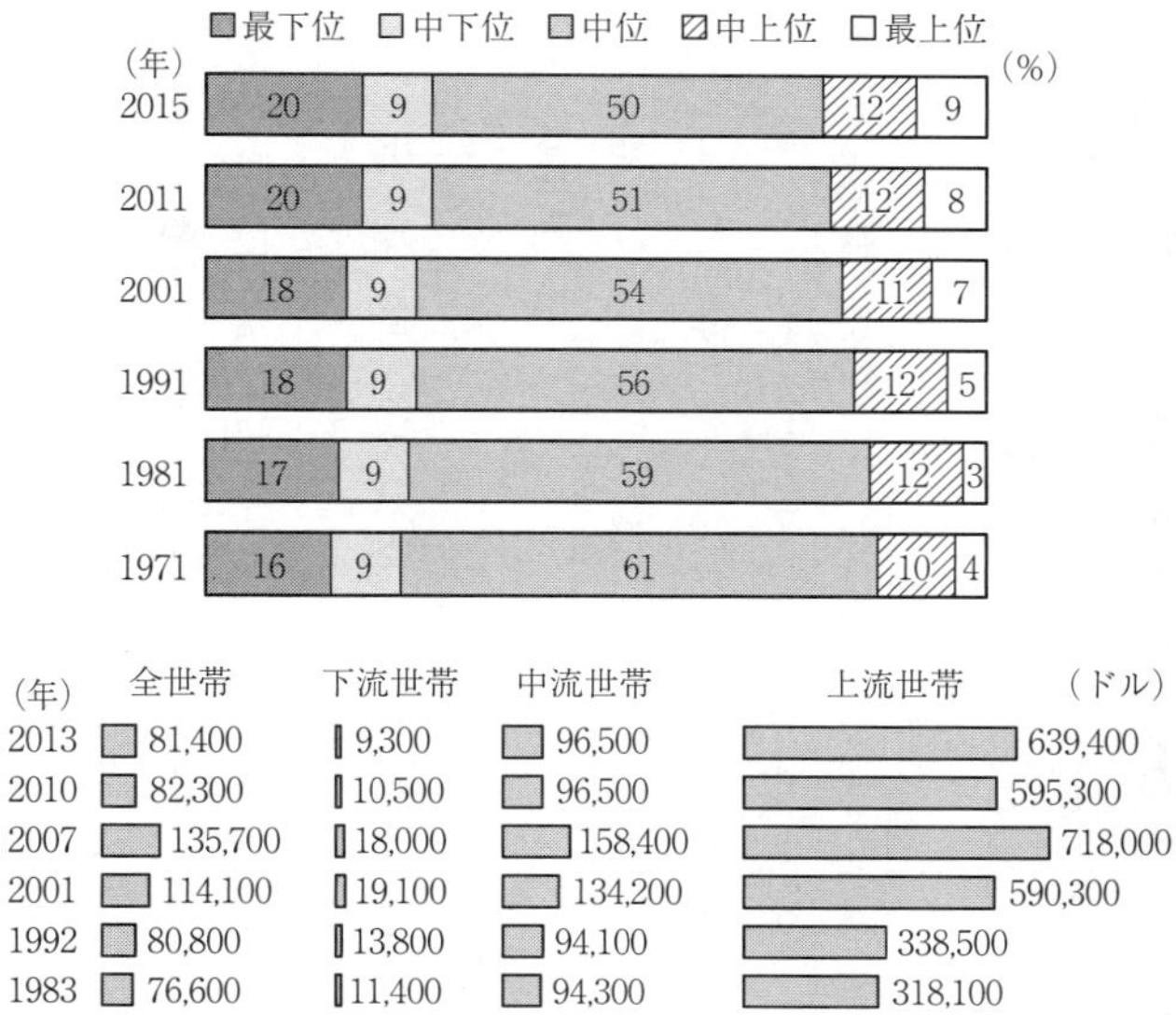

中位所得世帯の割合は下がっている

出典）ともにピュー・リサーチ・センター

ミドルクラスの暮らしの象徴だったが、「両親を、子どもをバケーションに連れて行けない」という声を各地で聞いた。自分はミドルクラスと思って生きてきた人には、直視したくない現実だ。子どもの頃に当然だったことを、大人になった自分は実現できていない。そんな現実に直面している。

「アメリカでは分厚いミドルクラスが消費と生産を支えている」。そんな認識は修正を迫られている。

　調査機関ピュー・リサーチ・センターは２０１５年12月、

「アメリカのミドルクラスは押され気味/もはや多数派でなく、経済的に脱落」との調査結果を公表した。アメリカでは1971年から2015年にかけて中位の所得層の割合が11ポイント縮小し、最下位層が4ポイント、上位層が7ポイント増えた。「トランプ王国」の取材では、中位から下位に落ちた嘆きを聞いたが、統計上は中位から富裕(上位)層に仲間入りできた人もいたことになる。「勝ち組」と「負け組」がはっきりしてきているわけだ。

アメリカのミドルクラスは、いろんな意味で苦悩している。

広がる格差

よく知られているように格差の拡大も深刻だ。

ピュー・リサーチ・センターは2014年、上流、中流、下流の所得世帯の「富」を比較した。「富」は、世帯が持っている自宅や車、貯金などの資産から借金を引いたもの。仮に失業しても車や自宅を持っていれば売却することで一定期間は困窮化を防げるわけで、所得だけで比べるよりも実態を反映している。調査によると2013年時点で、上流世帯と中流世帯の中間値には約7倍の、上流世帯と下流世帯の中間値に至っては約70倍の差があり、いずれも連邦準備制度が統計を取り始めて以降の30年間で最大になったという。格差の存在だけでなく今も「拡大」を続けていることを示すデータだ。

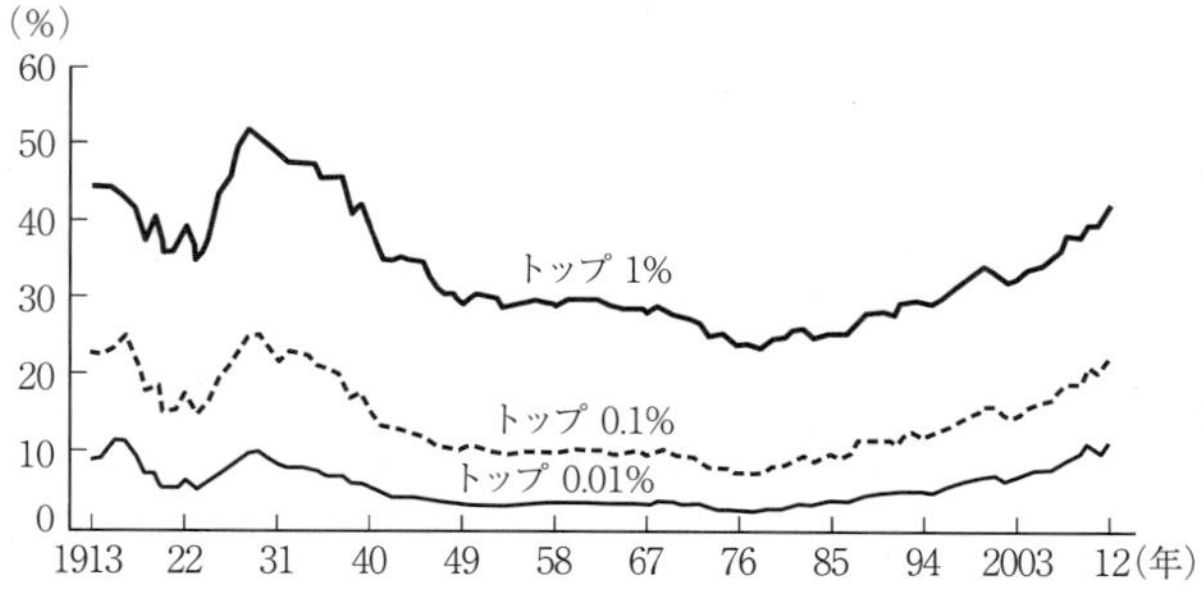

アメリカの富裕層の富の全体に占める割合(1913〜2012 年)

出典)エマニュエル・サエズ，ガブリエル・ズックマンの論文から Institute for Policy Studies が作成

ひと握りの大富豪の富が社会全体に占める割合にも注目が集まってきた。カリフォルニア大学バークレー校のエマニュエル・サエズ(Emmanuel Saez)らによると、アメリカでは20世紀初頭に富の集中が深刻だったが、１９２９年から１９７８年にかけて上位層の世帯の富が全体に占める割合は下がった。平等化が進んだことになる。ところが78年以降は上がり始め、上位０・１％が保有する富の割合は78年の７％から２０１２年の22％に増え、１９２９年にほぼ匹敵するレベルに戻った。グラフの後半は、その上がり具合を示している。１９７４年から２０１２年にかけ、上位１％の富の割合は全体の25％から42％と１・７倍に、上位０・01％は２・５％から11・２％と４・５倍に増えていた。ちなみに「上位０・01％」とは、約１万６０００世帯になるという。

当然、富裕層の富の保有割合が落ちれば、残りの層の取り分が増える。この意味では、トランプ支持者らが懐かしむ50年代と、それに続く60年代、70年代前半は、アメリカでは比較的格差が縮小した時代と言える。サエズらは論文で「アメリカにおける富の集中は過去100年間、「U字型」に推移している」と指摘した。繰り返しになるが、超富裕層の持つ富の割合が1929年当時に戻りつつあるというのは衝撃的な調査結果だ。

上位層がかつてなく潤う今、下位層はどうなっているのか。アメリカの貧困率は13・5%で、主要な先進国で最悪の水準。地域別に見ると、「トランプ王国」では一層高くなる。ケンタッキー州アイネズは40%を、オハイオ州ヤングスタウンは38%を超えている。

わかりやすい標的

なぜ、自分はミドルクラスから脱落しそうになっているのか？

そんな疑問を抱く人々にトランプは2つの標的を示した。まずは自由貿易だ。約17カ月間の選挙戦を通じて一貫して攻撃を繰り返した（第5章参照）。

世界経済が失速する中、アメリカの景気は回復傾向にあり「一人勝ち」と言われてきたのが実態で、2009年10月に10%だった全米の失業率は2016年11月時点で4・6%まで下がっている。やり玉に挙がる自由貿易協定（FTA）も、米商務省によれば09年から15年のアメリカの輸出の伸びは、協定を結んだ国との間で52%、その他の国々との34%より大きい。FTAには輸出促進の効果もあったことになる。

ギャラップの2016年の調査によると、「海外との貿易」はアメリカの成長の「機会」と答えた人は、調査を始めた92年以降で最高の58%に達し、逆に「脅威」と答えた人は34%と最低水準(2015年が33%)。全体で見れば、貿易への理解は広がっていることになる。

「自由貿易」となると少し様子が変わる。ピュー・リサーチ・センターの調査では、2014年から2016年にかけて自由貿易を「良いこと」と答えた人は59%から51%に減り、「悪いこと」と答えた人は30%から39%に増えた。選挙戦を通じてトランプらが声高に自由貿易の批判を続けたことの影響かもしれない。とはいえ着目したいのは、全体では依然として自由貿易を「良い」とした人(51%)が「悪い」とした人(39%)よりも多い点だ。

それでもトランプは、自由貿易を疑問視する人々への働きかけを徹底させた。支持政党別にみると、「悪い」と答えた民主党支持層は34%、共和党支持層は53%、トランプ支持者では67%だった。トランプは、自由貿易の恩恵を感じていない層の支持を集めたことがわかる。

もう1つの標的が不法移民(非合法移民、正式記録のない移民)だ。第4章で紹介したトマス・ウィデル(129ページ参照)のように、不法移民に仕事を奪われた、もしくは賃金の単価が下がったと感じている建設作業員がいる。ただし1000万人超の不法移民を強制送還させるというトランプの公約には無理がある。

「不法移民は税金を払わないだけではなく福祉に頼ってシステムを悪用している」という訴えも、必ずしも正しいものではない。実際には多くの不法移民が所得税や社会保障税を払っている。1986年の移民関連法令の改正で、不法移民を雇う雇用主に罰則規定が設けられた。そのため雇用主は労働者に出生証明書や身分証の提出を求めるようになり、これらの証明書の偽造が多発。不法移民が、これらの偽造書類を雇用主に提出して働き、結果的に所得税や社会保障税を払うようになったといわれている。

シンクタンク「税と経済政策研究所（The Institute on Taxation and Economic Policy）」の2016年2月の報告書によると、約半数の不法移民が所得税を払っている。彼らはまた、買い物時の消費税や、住居にかかる固定資産税を一般市民と同様に払っている。不法移民によって払われた地方税と州税の年間合計は推計で116億ドル（1兆3340億円）に上るという。

不法移民は選挙権を持たない。その意味で、どんなに非難しても彼らの票が逃げたり、相手候補に流れたりすることはない。選挙戦で憎悪を結集させる標的にしやすいとは言えるだろう。

しかしトランプは、これらの側面には触れず、自由貿易と不法移民への批判を、アメリカ社会に根強い「反エスタブリッシュメント(既得権層)」「反エリート」の感情に重ね合わせた。集会では「庶民が自由貿易や不法移民の問題で苦しんでいるのにワシントンの政治家たちは傍観してきた」と憤りを煽った。

トランプは自由貿易と不法移民を攻撃するだけでなく、「自由貿易協定から離脱する」「壁を造って不法移民の流入を防ぎ、国内にいる不法移民は強制送還」と単純な「解決策」を示した。しかし、これらが庶民の暮らしを改善するかと言えば、多くの疑問が残る。トランプ支持者もウォルマートで買った輸入物Tシャツを着ている。自宅に飾る野球大会のトロフィーは中国製で、カラオケマシンは日本製だ。トランプは貿易の利点を語らないが、海外からの商品に高関税を課せば、アメリカの物価が上がり、自身の支持者も困るだろう。そもそも世界貿易機関(WTO)の協定では、加盟国に同一関税をかける「最恵国待遇」が原則で、トランプの発言を実行すれば協定違反になり、相手国が報復措置に出ることになりそうだ。

アメリカ国内に残った製造業も今や多くの海外産の部品に依存している。ペンシルベニア州ピッツバーグ郊外のフェンス工場は、第3章でロニーが嘆いたように今や中国産やインド産の鉄を使っている。かつて世界に名をはせた製鉄の街ピッツバーグ近郊で、そんな現実が広がる。車やコンピューターなども同じだ。

トランプの強さ

とはいえ、トランプと同じことを、他の候補者が主張したとしても同じような成功は期待できなかっただろう。大富豪で有名人のトランプが言ったからこそ支持されたという側面もある。

トランプがフル活用したのが、自身の資金力だ。全米の移動費用に始まり、テレビ広告の費用など、大統領選では日本とはケタ違いの資金が必要になる。多くの候補者は、大富豪や企業などの大口の献金に頼らざるを得ない。

そこをトランプは突いた。「選挙戦で利益団体の世話になれば、当選後は言いなりになる。製薬企業の献金を受ける○○(ライバル候補)が当選した後、本当に薬代が下がると思いますか?」と得意げに支持者に訴えた。その上で自分は大金持ちだから、誰にも頭を下げずに済む。「私は特定の業界団体のための大統領ではなくて、皆さんのような普通のアメリカ人の利益を代弁します」ともっともらしく訴えることができた。

そもそもアメリカでは裕福であることは胸を張ることだ。ビジネスでの「成功」ともなれば、尊敬の対象になる。トランプは「私は本当に頭がよく、金持ちだ」と各地の演説で繰り返した。

何よりもトランプの強みになったのは、おかしな話だが、その暴言と傲慢なキャラクターを最初から前面に押し出したことにある。よく知られているように、立候補の演説でメキシコ移民を「(アメリカに)麻薬と犯罪を持ってくる強姦者」と呼んだ。その後もイスラム教徒の入国の一時禁止など暴言を連発。連邦地裁判事がメキシコ系であることを理由に「私の訴訟を担当するべきではない」と真顔で主張した時には、「アメリカは多民族国家だぞ」などと批判を越えて呆れる声が相次いだ。

私はこれらの暴言には、トランプが意図的に吐いていたものもあるのではないかと感じている。主要メディアから批判され、注目を一身に集める。「エスタブリッシュメント」の1つと見られているメディアから批判されてもトランプは困らない。むしろ批判の嵐の中で平然と振る舞うことで、抵抗勢力に立ち向える改革者という演出を図ったのではないか。彼にとって、エリートや主流派からの逆風は、長期飛行のための「浮力」のようなものだった。

何よりも暴言を吐き続けることで、支持者は慣れていった。「トランプがまたおかしなことを言っている」と笑って受け流す人が少なくなかった。もちろん眉をひそめる支持者もいたが、だからといって支持が、「エスタブリッシュメントの代表」というイメージが定着してしまったクリントンに流れる様子はなかった。

トランプは振る舞いも巧みだった。人前で慌てない。ステージではゆっくり歩く。どんな質問を受けても、ふんぞり返っている。知識のない分野でも、まるで熟知しているような口調で語る。集会では「私は軍幹部より「イスラム国(IS)」を知っている」と言い放った。

全米が注目する候補者討論会では、終了後に記者の囲み取材が発生し、テレビ局が生中継する。そのため主流派の多くの陣営は「失言」を恐れてか、候補者本人ではなく側近を出していた。しかしトランプは大勢の記者の目の前に堂々と姿を見せ、質問も受けていた。主流派の候補者たちが失言に怯える中、連日のようにインタビューにも応じる。こんなことが可能だった背景には、長年のテレビ出演で鍛えた即興でのやりとりの能力に加え、いまさら何をいっても失言にならないという究極のリスク管理があったと思う。

選挙戦は顧客サービス?

最初から最後まで多用したのがプライベート・ジェット機だ。大勢の支持者を地方の空港に集め、目の前の滑走路に着陸する。ジェット機はゆっくりと支持者の目の前に止まる。大音響の音楽が流れる中、ジェット機のドアがゆっくり開く。このあたりで会場のボルテージは最高潮に達する。トランプ・コール。USAコール。興奮状態の支持者の前にトランプが手を振ってゆっくりと姿を現す。時には元モデルの夫人メラニアを同伴する。演説はジェット機の前。背後に「トランプ」と書かれた機体が常に映し出され、そのまま夜間のニュース番組に流れる。支持者の上空をヘリで旋回してから降りてきて集会を始めたこともある。救世主が登場したかのような演出。支持者は楽しんでいた。

入念な準備もしていた。選挙戦の終盤にクリントンとの直接対決となる討論会があった。直前にトランプ陣営は支持者にアンケートを送った。質問項目が細かい。「どのテーマを語って欲しいか？」「自分の政策を訴えるよりもクリントン攻撃をするべきか？」「クリントンを「曲がった(不正な)なヒラリー」と呼ぶべきか？」「クリントンにメール問題で答えさせるべきか？」「クリントンの貿易政策を批判するべきか？」と30問も続く。

トランプが集会で多用したジェット機

支持者が聞きたいことを調べ、限られた時間内で訴える。「指導者として言うべきこと」よりも「支持者が聞きたがっていること」を話そうという姿勢の表れではないか。顧客サービスのようだ。

大統領選を取材する記者の認識でほぼ一致していたのは、トランプ集会は、クリントン集会よりも支持者の熱量で勝っていたという点だ。トランプはこの点を自慢してきたが、これはウソではない。クリントン集会は芸能人の演奏やオバマら指導者の演説で盛り上がるが、どこか人工的で演出された舞台という雰囲気が漂う。前座が華やかな分、かえってクリントン自身の演説の迫力のなさも目立つ。一方、トランプは1人でマイクを握り、支持者を熱狂させる。特に印象深いのは、投票日直前の1週間の追い込みだ。前日まで最大5州を1日で遊説し、同行する米メディアの番記者はヘトヘトになっていた。それでも本人は声も大してかれず、驚異の体力を見せつけていた。

選挙とは、エリートの支持だけではなく、より多くの支持を集める競争だ。トランプは圧倒的に強い候補者だった。

【B】トランプ勝利が突き付けるもの

トランプ勝利が突き付けたものは何か。考察を2つに分けて進めたい。1つ目は、トランプ勝利は民主主義の失敗なのかという問い。2つ目は、グローバル化が進む中で先進国のミドルクラスの暮らしが今後どうなるのか、という問いだ。いずれも詳述するべき重要なテーマだが、本書では短く指摘するにとどめたい。

アメリカは自国の統治理念やシステムに自信がある。ところがトランプ勝利を受け、民主主義を巡る議論が盛んだ。対外関係でも民主主義と自由の擁護を掲げ、時に海外で「民主化」を合言葉に戦争までしてきたこの国が今、足元で民主主義の揺らぎに怯えているようだ。

「私たちの民主主義は危機に瀕しているのか?」。ハーバード大学教授のスティーブン・レヴイツキーらはニューヨーク・タイムズ紙（２０１６年12月18日付）で問題提起した。危機の最大の前兆は、反民主主義的な政治家の誕生という。そうした政治家を見極める「リトマステスト」には、①暴力を明確に否定しない姿勢、②政敵の市民的自由を制限する姿勢、③選出された政府の正当性の否定の３つの基準があるという。

レヴィツキーらはトランプを「陽性」と診断した。トランプが、選挙戦で支持者の暴力を促した点、私用メール問題でクリントン訴追を訴えた点、批判的なメディアに法的措置をとると脅した点、（自分が敗北した場合）選挙結果を受け入れないことを示唆した点を理由に挙げた。

民主主義は、時の権力者が反対勢力（党内のライバルや野党）の存在を認めることが大前提になるが、トランプはクリントン訴追の必要性を執拗に訴え続けた。レヴィツキーらは、アメリカでは権力が分立しているため、大統領の行為も抑制と均衡の対象になり、暴走に一定の歯止めがかかるという制度への期待はあるが、いざ戦争や大規模テロなどが起きれば、権威主義的な傾向を持つ大統領がアメリカの民主主義を危機に陥れる可能性はあると指摘し、「兆候はいずれも本物であり、用心するべきだ」と警告を発している。

国民投票での欧州連合（ＥＵ）離脱という、２０１６年のもう１つの激震を起こしたイギリスからは、「西欧民主主義の終焉」を懸念する声も上がっている。

英ケンブリッジ大学の政治学者デイビッド・ランシマンによると、アメリカの民主主義を研究してきた政治学者たちの関心が今、アフリカやラテンアメリカに向いている。トランプのような権威主義的な傾向のある人物が選挙で勝った後に、何が起きるのかを研究しているという。ランシマンの分析はこうだ。トランプ支持者たちは、どんな大統領を選んでも、アメリカの政治制度が最悪の事態からは自分たちを守ってくれると過信し、同時に、その制度を揺さぶることをトランプに期待した。支持者たちは、「権威主義的な理想の父親像」を演じたトランプが、自分たちの暮らしをどん底に突き落とした数々の脅威から守ってくれると勘違いした。トランプ政権は、大規模なインフラ投資や、気候変動対策の国際合意の無視、小国いじめなど、実行が比較的容易なことをやって延命を図るが、本当に必要な改革(黒人の収監が多い刑務所制度、白人の寿命低下対策など)は先送りされる。ランシマンは、台風が過ぎ去るのをしゃがみこんで待っている間に本当の危機が迫り、民主主義が終焉を迎える、と警告している。

以上2つの論考が示した危機感は、かなり深刻なものだ。

敵意を動員したトランプ

次にトランプの振る舞いを振り返りながら考えてみたい。

大統領選では、候補者が多数派を形成する方法は大きく2つ考えられる。理想の社会像を語り、支持を集める方法。もう１つは、共通の「敵」を作り上げ、敵意や憎悪を結集させる方法だ。トランプは、最初から最後まで（仮想）敵を作り出すことで選挙戦の熱量を維持した。看板スローガン「アメリカを再び偉大に」は前向きにも見えるが、国力を低下させたとする既存政治への批判がこめられていた。

トランプが多用したのは、「メキシコ国境に壁を造ろう」「不正なヒラリー」「ヒラリーを刑務所に閉じ込めろ」「イヤな女」「ヘドロをかき出せ」など、攻撃的な言葉だ。最後の「ヘドロ」は、ワシントン政界のエスタブリッシュメントを指しており、一掃せよという趣旨だ。集会ではこれらの言葉で一体感を演出した。

民主主義は失敗したのか？　この問いに一言で答えることは難しい。

一人ひとりの有権者の投票（普通選挙）でルールに沿って物事が決まった。毎日仕事に出かけ、明日の暮らしへの懸念を募らせてきた人々の声が、主流派の政治家やエリートたちの「常識」を覆したからといって「失敗」にはならない。むしろ、有権者の声がルールに沿って反映されたのであれば、民主主義が機能した結果ともいえる。古今東西の権威主義、独裁主義の体制では、このような変化を求める声は弾圧されていただろう。

しかし忘れてはならないのは、今回の選挙では、権威主義的なトランプが、移民や難民、イスラム教徒らへの排外主義的な主張を繰り返した末に当選したという点だ。自由、民主主義、多様性の尊重、言論の自由、機会の均等など、アメリカが大切にしてきた理念を語ろうとしない人物。自らがワシントンの政治家になり、自分がしてきたような批判を逆に浴びるようになった時、トランプが権力をどのように使うのか。深刻な懸念だ。

トランプが当選後も一般市民の労組幹部を名指しで繰り返し批判する出来事があった。この姿勢には注意が必要だ。自らを批判した人へのあの執拗な攻撃性は、選挙中に世間の注目を集める「演出」ではなく、本人の「素」だったことが証明されたようなものだ。この労組幹部は殺害の脅迫を受けたと報じられている。ケタ違いの発信力を持つ権力者の自由奔放な発言が、一市民の「言論の自由」を危うくする事態を招いている。

言論の自由の重要さを語るとき「あなたの意見には反対だが、あなたがそれを主張する権利は命をかけて守る」という言葉がよく引用される。トランプ大統領が誕生する今、その言葉の重みがよくわかる。

少数派の声の行方

トランプがいかに深刻な問題を抱えた人物かは本書の主題ではないが、2点だけ触れたい。

1つは2012年の大統領選前に、オバマはケニア生まれで本当は大統領になる資格がないと主張する「バーサー(birther)運動」を展開したことだ。テレビ番組では「人には出生証明書がある。彼(オバマ)は持っていない。本当は持っているかもしれないけど、そこに何か書いてあるのだろう、きっと宗教だ、たぶんイスラム教徒と書いてある、私は知らないけど、きっと彼はそれが表になって欲しくないんだ」と主張した(2011年3月30日、フォックス・ニュース、The O'Reilly Factor)。大統領が黒人であることに不満がある人々、イスラム教徒への偏見を抱く人々を意識した発言だろう。トランプは、多民族国家アメリカで、人々の潜在的な差別意識や偏見に訴えてきた人物だ。

2つ目は、2015年11月24日の選挙集会で先天性の関節拘縮症を患う記者の動作をまねたことだ。小学生でもやらないことを69歳(当時)がやった(本人はまねたことを否定)。気に入らない相手をこきおろすためなら何でもやってしまう幼稚さ。それほど非常識な人物だ。同僚ともよく話し合った。新しい問題発言が出るたびに、「さすがにこれで人気も失速するだろう」と。しかし人気は落ちなかった。物議を醸すたびにテレビ・ニュースのヘッドラインになり、露出時間が長くなる。しまいには「今日は何を言い出すのか」という関心を集め、米メディアの報道は過熱。どのチャンネルを回しても夕方以降はトランプの映像が流れている、という状態が続いた。選挙戦が人気コンテンツになり、一候補者の暴言が拡散された。

その後、何が起きたか。ヘイトクライム(憎悪犯罪)の増加が報告されている。人種や宗教などの少数派が脅迫されて声を上げにくくなれば、論争もしにくくなり、民主主義は機能しなくなる。

　イスラム教徒への暴行事件のＦＢＩ（米連邦捜査局）への報告は、２０１６年は91件と前年の56件から急増し、同時多発テロが起きた２００１年の93件に匹敵する規模になった。ヘイトクライムの動向に詳しいＮＧＯ「南部貧困法律センター」によると、選挙後の10日間で、特定の人種や宗教などへの憎悪に根差す事案（嫌がらせ、脅迫）が８６７件あった。同時に、反移民やアメリカ社会での白人の復権を訴える「アルトライト（Alt-Right）運動」の活発化も報じられている。

トランプ集会で囚人服に身を包み，おもちゃの足枷を付けて「ヒラリーを刑務所へ」と呼び掛ける共和党の元代議員

　いずれもトランプの差別・侮蔑的な言動の影響は否定できないだろう。

　異なる人種、宗教、出身地の人々が憲法の下に集い、何とか共存してきたのがアメリカだ。もともと分断は深い。その断層には、常にエネルギーがたまっており、何らかの出来事を機に容易に憎悪、恐怖心となって噴き出す。選挙期間中トランプが先頭に立ってライバル候補への敵意を煽り、集会では支持者の間にも敵意が満ち溢れていた。フロリダ州のトランプ集会では、党大会で投票権を持つ代議員を務めたような人物が囚人服に身を包み、おもちゃの足枷を付けて「ヒラリーを刑務所に」と連呼していた。特にヒラリー・クリントンへの敵意はすさまじく、「ヒラリーを刑務所に」の大合唱は共和党の全国大会でも起きた。党大会が敵意と憎悪で一体化する姿は異様だった。

事実が重視されない風潮

トランプは、平然とウソを繰り返すなど、事実へのこだわりも見せない。ウソが指導者の口から吐き出され、本人のツイッターやフェイスブックを介して有権者に届く。有権者がウソや偽ニュース、誇張された話にさらされる時、民主主義は困難を迎えるだろう。

２０１５年の調査によると、アメリカでは成人の9割超が携帯電話を持つ。スマートフォンの所有率は２０１１年の35％から68％にほぼ倍増し、タブレット端末は２０１０年の３％から45％に急増した。発信者のウソや誇張がフィルターなしで有権者に瞬時に届く回路が整備された時代に、怪物トランプが誕生したといえるのではないか。

トランプは、選挙制度や既存メディアについて「不正にゆがめられている」と訴え続け、その主張を信じる支持者が続出した。米メディアがトランプの発言内容の真偽判定に労力を割いても、そもそも有権者が既存メディアを信用していない。ギャラップによると、「メディアを信用する」と答えた人は、共和党支持者では14％と過去最低を記録した（民主党支持者では

51%)。

「事実を重視しない風潮」が蔓延している。オックスフォード英語辞典は、2016年を象徴する「今年の単語」に、形容詞「ポスト・トゥルース(Post-Truth)」を選んだ。「世論形成で、客観的な事実が、感情や個人的な信念に訴えるものよりも影響力を持たなくなった状況」という意味だ。

この傾向は続きそうだ。トランプは当選後すぐに大統領の上級顧問兼首席戦略官に反主流派の急先鋒スティーブン・バノンの起用を決めた。「陰謀説」で物議を醸してきた保守系サイト「ブライトバート・ニュース」の元会長で、「アメリカの最も危険な政治職人」と呼ばれてきた。バノン本人はサイトを「中道右派の大衆主義、反エスタブリシュメント」と説明するが、NGO「南部貧困法律センター」は「極右、人種差別、反ムスリム、反移民の思想を受け入れてきた」と指摘している。そのような人物が政権の中枢に入る。

トランプは当選後も根拠のない話を拡散している。

先ほども触れたが、アメリカの大統領選は間接選挙制を採用し、得票総数で勝敗を決めない。州ごとに割り当てられた計538人の選挙人を勝者総取り方式(2州をのぞく)で積み上げ、過半数270人以上を取れば勝利となる。トランプは今回、この選挙人獲得レースでは勝ったが、実は総得票数ではクリントンに286万票以上の差を付けられていた。これが我慢ならないようで、トランプは「ヒラリーが獲得した数百万の不正投票を引けば、私は(得票総数でも)勝っていた」(2016年11月28日)と発信した。数百万という数字に根拠も示さず、平然とまき散らした。

次期大統領がこの姿勢である。事実が軽視される風潮が蔓延すれば、アメリカの民主主義に長期的に及ぼすダメージは計り知れないだろう。

人気が落ちた時どうなる?

トランプは支持者の期待に応えられるだろうか。膨らんだ期待は容易に失望につながる。約束通りに製鉄所や石炭産業を復活できるのか。製造業でいったい何人分の雇用を生み出せるのか。さらに大幅減税と、社会保障の維持やインフラ整備など大きな財源を要する政策とは、普通に考えれば両立は至難の業だ。

文句を言えば済むアウトサイダーだったときは楽だったが、トランプ自身が大統領になり成果を出せなければ言い訳できない。支持者の不満が高まった時、トランプは何をするだろうか? 意図的に前代未聞の外交政策をぶち上げ、世間の関心や不満をそらそうとするのではないか。犠牲になるのが、アメリカが曲がりなりにも主導して築き上げて来た国際秩序でないことを願う。

アメリカは第二次世界大戦が終わる前から戦後秩序の構想を練っていた。経済面では、安定した貿易秩序のためにブレトンウッズ体制を構築した。多国間主義を採り、政治面では国際連合の設立を主導した。いずれの面でもアメリカは(超)大国として負担に応じてきた。

例えば、国力が落ちたと言われる今日でも、国連の通常予算に占めるアメリカの負担は22%で、世界各地に展開する平和維持活動(PKO)予算では28・6%。しかし多国間交渉の場では、アメリカの思い通りにいかないことが必ず起こる。その時トランプはお得意の「アメリカ第一主義(最優先)」や「ディール(交渉)」を口にして、拠出金の大幅削減や脱退論などを示唆するのではないか。アメリカが主導してきた戦後秩序に自ら挑戦し、国際社会を混乱させることで影響力を誇示しないか心配だ。

最悪のシナリオは新たな戦争ではないだろうか。トランプ劇場に観客が飽き始め、「チケット代を返せ」と叫び始めた時に、国内を結束させる手段としてトランプの脳裏に戦争という選択肢が浮かばないだろうか。つい最近まで選挙戦でやっていたように、次は海外に仮想敵を作り出して憎悪を結集させ、「アメリカ最優先」を掲げて開戦しないだろうか。

グローバル化との向き合い方

次にグローバル化や技術革新(機械化など)が進む中で、先進国のミドルクラスの暮らしがどうなるのか、という問いも考えてみたい。「トランプ王国」で最も考えさせられたのは、このテーマだ。

「グローバリゼーションはアメリカ化」「日本は米企業に有利な仕組みに組み込まれる」という警戒心がある。外食ならマクドナルド、食品ならコカ・コーラ、小売りならウォルマートなど、世界で知られる外資系の有名企業が思い浮かぶ。

ところが、そんなグローバル企業で働くアメリカ人はもちろん一握りで、今回の大統領選では、その他の多くの人々が既存のグローバル化路線に疑問を突き付けた。トランプは党全国大会の指名受諾演説で「私たちがやろうとしているのはアメリカ・ファースト(米国第一主義)だ。グローバリズムでなく、アメリカニズム(米国主義)が信条になる」と宣言し、喝采を浴びた。

アメリカも日本と同様、グローバル化への対応に悩んできた。「勝者」として描かれることの多いアメリカにも大勢の「敗者」がいたのだ。グローバル化は国全体の利益になると思っていたが、いつまで待っても自分たちの暮らしは楽にならない。気付けば、富裕層と自分たちの格差は広がるばかりで「夢」を抱くこともできない。グローバル化はアメリカの一部の利益にしかなっていないのではないか？　この国は誤った方向に進んでいると考えている人が全体の6割を超える中での選挙となり、うち7割近くの支持をトランプがすくいとった(付録の出口調査を参照)。

ある大統領候補の発言を紹介したい。彼は眉間にしわを寄せ、次のように討論会で訴えた。

「北米自由貿易協定(NAFTA)が間違いというのは、まったくその通り。ヒラリーが昨年、NAFTAは経済の成長をもたらすと発言したことを私は知っています」「(オハイオ州の街)ヤングスタウンを歩けば(略)、アメリカの労働者に対して公平でない貿易協定のおかげで、経済的な打撃を受けた町を目の当たりにすることになるのです」

「私はNAFTA改定を試みるため、メキシコなどの大統領にすぐに電話を入れます。(略)グローバル化がいつも固定した勝者と敗者を生むことが問題なのです」

「雇用を海外に出す企業への税の優遇措置は止め、アメリカに投資する企業を優遇しないといけません。そうすればオハイオ州を成長と雇用と繁栄の道に引き戻すことができるのです」

誰の発言かおわかりだろうか? 多くの読者はトランプ発言と思うかもしれないが、実は2008年大統領選でのオバマだ。オバマの隣では、ライバル候補のクリントンが弁明に追われていた。夫ビルの大統領時代にNAFTAが発効したことや、本人も過去に賛同したことが足を引っ張った。クリントンは2016年の大統領選でも、予備選から本選にかけてライバル候補から自由貿易へのスタンスを突かれた。トランプも弱点を見抜いていて、元国務長官としてTPPを推進する立場にいた点も加えて指摘し、クリントンを自由貿易推進派として批判した。

グローバル化への対応は近年の大統領選の肝になっているのだ。

私がラストベルト内外で出会った支持者の多くは「20世紀のアメリカ」を懐かしんでいた。問題は、アジアやラテンアメリカなどの国々が経済発展し、圧倒的だったアメリカの国力が相対的に落ちる中で、彼らの郷愁に応えることができるのか、ということだ。

ブルーカラー労働者の代弁は可能か？

従来型の製造業で働く労働者を代弁してきたのは民主党だった。ところが民主党は90年代、ビル・クリントン政権が中道を掲げ、従来のリベラル（左派）路線を修正した。先ほども示したように、オバマも２００８年の選挙期間中はＮＡＦＴＡに強く疑問を示したが、大統領としては新たに環太平洋経済連携協定（ＴＰＰ）を推進してきた。

結局、アメリカでは本書で多く登場したブルーカラー労働者のように「強く繁栄したアメリカの復活」を渇望し、グローバル化の犠牲になったと感じている層を代弁する有力な政党がなくなった。グローバル化と技術革新が進む現代で、ラストベルトの人々が懐かしむような「高卒で稼げる製造業の復活」などできそうにない、というのが実態だろう。

第１章でも示したように、アメリカの製造業の雇用者数は１９９０年から２０１６年に５５０万人減った。すべてが自由貿易の負の影響であれば、トランプが実際に個別企業に圧力をかけて海外への移転計画の見直しを迫っているように、国家権力の介入でいくらかの雇用の維持を図れるかもしれない。しかし持続可能な方策ではないだろう。

そもそも米通商代表部(USTR)代表のフロマンは、雇用減少や賃金の伸びの停滞は「グローバル化というよりもオートメーション(自動化・機械化)の産物だ」(2016年6月の講演など)と主張している。今後はさらに自動化が進み、労働集約型の雇用は減る一方だろう。民間企業に国際競争力の追求を断念させ、機械化への投資をやめさせることなどできるわけがない。

2016年の大統領選は、アメリカの製造業生産高が史上最高を記録し、雇用者数も6年連続で伸びるなど回復期に重なった。金融危機(リーマン・ショック)後に発足したオバマ政権は一定の成果を出したことになるが、その末期にトランプ旋風が吹き荒れた。

共和党は従来、経営者や富裕層の支持者が多く、自由貿易路線を推し進め、国内政策では「小さな政府」を原則としてきた。ところが今回は、共和党のトランプが民主党のクリントンやオバマを自由貿易推進派として攻撃する「逆転」が起きた。その結果、ブルーカラー労働者が民主党を離れ、トランプ支持に流れ込んだ。

トランプが従来の共和党路線とどう折り合いをつけるのか。また共和党の主流派の今後にも注目だ。彼らは予備選を通じてトランプ人気の抑え込みを図ったが完敗した。共和党はトランプに乗っ取られたという評価も少なくない。トランプ政権下で共和党の基本理念がどう変化するのか興味深い。一方、ブルーカラー労働者の離反を招いた民主党もグローバル化への対策の練り直しが急務になるだろう。

そう考えるとトランプ大統領の誕生を機にアメリカで政党の再編が起こるのだろうか。グローバル化とは、ヒト、カネ、モノ、情報などの国境を超えた流れが加速することだ。これらは国内政策では、移民政策や自由貿易(通商政策)、多文化主義の受け入れ度合いなどとして問われることになる。政党の再編が起こるのであれば、アメリカがグローバル化にどう対応するのか、どこまで国を開くのかという姿勢が軸になるのかもしれない。

本当の課題？

本章の最後にもう1つ現場を案内したい。日本を含めた先進国に共通している課題の核心がある、と思うからだ。ウィスコンシン州のトランプ集会で知り合った、エンジニアと工場の社長さんの話だ。同州もラストベルトに含まれており、やはりトランプが久しぶりに共和党候補として勝利した。

２０１６年4月2日、製紙業などが盛んなウィスコンシン州ワウサウ(Wausau)。トランプ集会はいつものように開始3時間ほど前から長蛇の列ができていた。みんな待っているだけなので、取材するには最高の環境。片っ端から声をかけた。

10人ぐらい取材した中で、キャリア43年のエンジニア、ブルース・ボア(65)に出会った。トランプ演説を聞きに来た理由を、こう語った。

「大型工作機械のエンジニアとして働いてきた私は、この国の製造業の行方を心配している。多くの仕事が海外に出てしまった。この街を支えてきた製紙業も、中国とスウェーデンやノルウェーなどの北欧に出ている。NAFTAはアメリカの製造業にはマイナスだった。海外製品をアメリカに「自由に」入れるばかりで、その逆がない。自由貿易は、電流を一定方向にしか流さない作用を持つダイオードのようだ。逆流防止の弁でも隠れているのではないかと思うほどの一方通行ぶりだ。日本の記者が関心を持つ理由はわかるよ。日本も同じように低賃金の海外との競争にさらされているからね」

製造業の衰退を嘆くエンジニアのブルース・ボア

ここまでは多くのトランプ支持者と似た話だったが、この先が違った。

「工場が減るとエンジニアは経験を積めなくなる。若い世代は、私の世代のようなエンジニアになれないのではと心配だ」「私は工作機械の購入を担当しているので、先進国の工場を見て回る。すると、日本の工場では日本製の、ドイツではドイツ製の機械が使われているが、この国の工場にはアメリカ製の大型機械がなく、ほとんどが海外製だ」

2年に一度、シカゴで開催される「国際製造技術博覧会」に通ってきた。若手の頃はアメリカ製の機械ばかりが並んでいて、少しだけイギリス製やドイツ製があった。それが最近では日本製、ドイツ製など海外製品ばかりで、ほとんどアメリカ製を見なくなったという。

「製造業が国家の骨格と思う。若いエンジニアを育成せずにアメリカの将来は大丈夫か。州政府では解決できない。連邦政府を動かせる大統領にこそ、この問題を語ってほしい。トランプは製造業の復活を掲げている。彼には現状を理解し、解決に動くだけの意欲があると期待している」

そんな話をしていると、ちょうど近くに工場の経営者が並んでいた。ブルースが声を掛けてくれた。「日本からやってきた記者にアメリカの製造業の話をしてやってくれないか。経営者の視点を語るには、あんたが一番だよ」

従業員46人の工場を経営するゲーリー・サルザーだった。彼の話はおもしろかった。

「いま新しい技術者を募集しているが、集まらない。応募者は来るが、水準に達しないんだ」

各地の「トランプ王国」では「いい仕事がない」と嘆く労働者が多かったが、「求める人材がいない」という声は初めてだったので新鮮だった。

「オバマは、スピーチは美しいがね、製造業のために成果を出せたかな？　いいかげん、ワ

ゲーリー・サルザーの工場．大型工作機械はほとんど日本製だった

シントンを揺さぶる候補者が必要だ。主流派にも遠慮なしのアウトサイダーだから、トランプを支持している。きちんと説明するから工場に来ないか？」

工場を取材するチャンス到来だ。よろこんでお邪魔することにした。工場は、農村地帯にあった。両親は農家でゲーリーも継ぐつもりだったが、ガレージで30年前に始めた機械いじりの趣味が高じて本業になったという。

安全ヘルメットとゴーグルをつけて工場を回った。工場には大型の工作機械がずらりと並んでいて、それぞれに担当者がついていた。ゲーリーは、各担当者に指示を出しながら歩く。設計図を見ながら相談にも乗る。私ものぞき込んだが設計図はどれもややこしそうだ。機械の操作パネルはすべてモニター画面で、これもまた難しそうだ。

ひと通り見学して、ゲーリーが言った。「小さな工場だけど、うちの仕事は難易度が高い。この敷地に低賃金の仕事はない。うちは溶接工も機械オペレーターもエンジニアもみな一流の技術と経験を持っていて、構造が複雑な部品を少量ずつ作っている。大量生産とは違う。高度で高品質だから、中国やメキシコも追いつけない。だから、全米の企業から注文が集まる。うちのような専門工場を人々は「ジョブ・ショップ（注文製作工場）」と呼ぶ。つまり、メキシコなど海外に出たのは製造業の簡単な部分で、高度な技術を要する仕事は今も国内に残っている。設計図を理解し、素材の特性も区別がついて、大型の機械を1人で操作できる熟練機械工であれば、それらの仕事も可能だ」

こうして話題は、職業訓練、教育に移った。

「将来に向けての最大の懸念は、アメリカは、ここで働けるような熟練機械工を育成できているかという問題だ。私は今日にでも最低2、3人を雇いたい。広告も出しているが、技能の見合う人が見つからない。高度な技術があれば、製造業を国内に残せる。日本も状況は似ているのではないかな」

スキルギャップ

「かつての製造業のような給料払いのいい仕事がなくなった」と嘆く労働者と、「必要な技能を持ち合わせた労働者が見つからない」と嘆く工場の経営者が、同じラストベルトにいて、同じ候補トランプを支持していた。

アメリカの分厚いミドルクラスを支えてきた製造業だが、グローバル化で市場がつながり、世界規模での分業が進めば、労働集約型の仕事は人件費の高い先進国からは出ていく。全米の製造業の雇用者数は、第二次世界大戦後の約1200万人(45年10月)から増減を繰り返しながらも上昇し、1979年に約1950万人のピークに到達。その後は下降線を描き、2000年は約1700万人、2016年に約1200万人と減少。つまり大戦の直後の規模に戻った。

雇用が減っただけでなく、ブルースやゲーリーが強調していたのは、いまアメリカで製造業の仕事に就くのに必要な知識・技能は昔よりも格段と難しくなっていて、高校卒業レベルでは難しいという点だ。製造業からサービス業への雇用のシフトも着実に進んでいる。先進国で食べていける技能が、より高度になるだけでなく、技術革新に合わせて変わっていく以上、いわゆる「スキルギャップ(技能の差)」の問題にはどの先進国も直面していることだろう。

「高校を卒業すればミドルクラスになれた」という時代は、もはや特定の時期に、特定の国に起きた奇跡だったと捉えた方が良さそうだ。「雇用を取り戻す」と言い切ったトランプが大統領になっても、かつてのような時代は戻ってこないだろう。

これはもちろん、ゲーリーも指摘したように日本にも共通する課題だ。

私が大阪で教育担当記者をしていた頃(2011〜2013年)、府議会でも若者が稼いで暮らしていける教育をどう実現するかについて議論していた。ある高校の進路指導の教諭は、地元企業を回り、採用情報を集め、就職希望者を売り込んでいた。大卒でも就職が難しい中、内定率100％を達成したその教諭も「進路を指導することが年々難しくなっている。そもそも高校卒業と、最初の就職をつなぐことができても、その業界、会社でずっと食べていけるかなんて私にもわからない」と、ファミレスでの取材で語ってくれた。

グローバル化の勝者と敗者

大統領選の期間中、グローバル化の勝者と敗者を1枚の図で示したとして、何かと話題になったグラフがある。

元世界銀行エコノミスト、ブランコ・ミラノビッチが作成した通称「象グラフ」。地球上の人々を所得の多い順に右から、低い順に左から並べる。100分割して、1988年から2008年までのそれぞれの実質所得の上昇率をグラフに落とし線で結んだ。すると右を向いて鼻を上げた象のような形になったというわけだ。

一番上昇率が大きかったのは、所得を最高で8割ほど増やした象の背中あたりの人々（A部分）。ここには中国やインドなど新興国の中流階級が多く含まれる。次に大きく増やしたのは、一番右端、つまり世界の超富裕層で、彼らも6割ほど増やした（C部分）。

アメリカ大統領選の文脈で最も注目されたのは、象の鼻が地面に垂れているBの部分だ。この10人に7人は先進国の中流以下の人々だ。グローバル化で新興国の労働者（A部分）との国

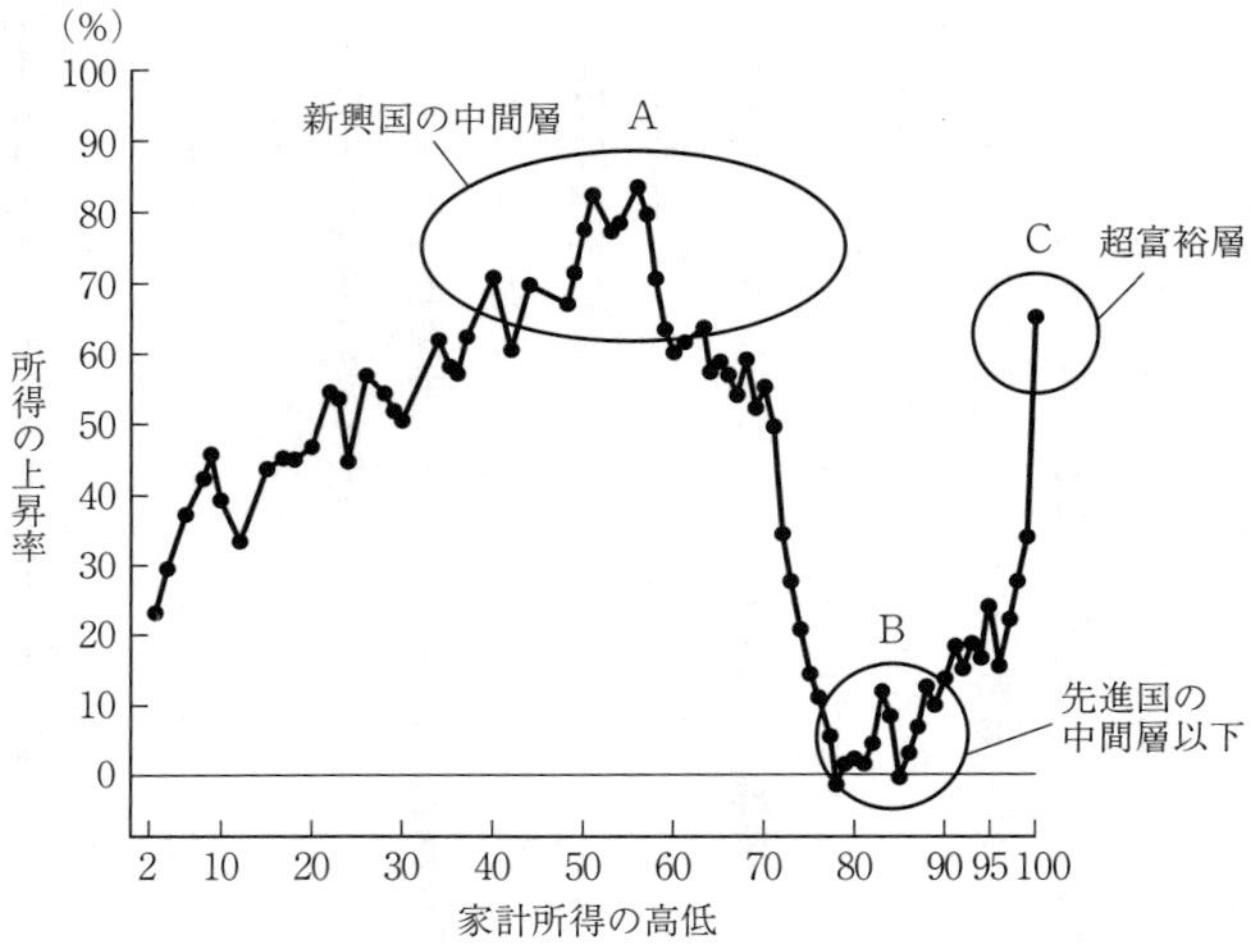

「象グラフ」

出典）グラフ作成者，ブランコ・ミラノビッチの記事

境を超えた競争にさらされ、20年間で所得がほとんど増えなかったといえそうだ。

もちろん、このグラフが示しているのは上昇率であり、所得の絶対額ではない。所得の額面だけを比べれば、今でも先進国の中流の方が新興国の中流よりも稼ぎは多いが、伸び率では差が付いた。グローバル化で所得が増えた「勝者」は、新興国の中流と世界の富裕層であり、「敗者」は先進国の中流以下とグラフの左端、象のしっぽに位置する貧困層であることを示した。

トランプがすくい取ったのは、アメリカのB部分の不満だった。イギリスEU離脱を支持した人々も同じ位置づけとされている。私が大阪で取材した進路指導の先生が向き合っていたのも、日本の中流層だ。

私はニューヨークで国連本部の取材も担当している。ちょうどトランプが世論調査で首位に躍り出た2015年7月、国連が「世界の10億人以上が極度の貧困状態から抜け出した」という報告書を公表し、私も「世界の貧困「90年比半減」」という見出しの記事を東京に送った。1日の生活費が1・25ドル（約145円）未満の「極度の貧困」にある人口が、世界で1990年の約19億人から2015年までに8・3億人に減り、全人口に占める割合では90年の36％から12％に下がる見込みという内容だった。

極度の貧困から脱出した10億人に、中国やインドなど新興国の中流が多く含まれていた。経済成長のおかげで、極度の貧困状態の人々の割合は、東アジアで90年の61％が4％に、南アジアで52％から17％に下がるという。「象グラフ」を重ねれば、Aの部分の人々だ。彼らの作った商品が世界中で買われ、経済成長につながった。これは国際社会の朗報だった。

ただ、今回の米大統領選では、Bの人々の声が大きく響いた。世界中の先進国にBの人々がいる。彼らの不満はどこに向かい、どんな指導者を選ぶのか。その指導者は支持者の不満にどう応えようとするのか。2017年以降も「異変」からも目が離せない。

ポピュリズムの背景

先進国で不安定化する雇用。この難題に明快な答えなどない。スキルギャップに対処するため、高校や大学を卒業後も職業訓練が受けられる制度作りが重要といわれる。とはいえ、どの分野の雇用が持続しそうなのかを見極めることは容易ではない。こんな大仕事を政府(行政)ができるのかと言えば、難しいだろう。市場に任せるだけでも解決しそうにない。

誰にもわからないから、自分で考えて決めるしかない。でもどんなに考えたって、大金をはたいて優秀な教育コンサルタントでも雇えれば話は別かもしれないが、一般家庭には難しい。第1章で紹介したラストベルトの元鉄鋼マン、ジョーの次女(14)に私が「将来どんな仕事に就きたい?」と聞いたら、「医療関係」と即答した。医療系の仕事であれば、製造業のように海外に出ていくこともない、という期待だった。中学生がそこまで考えていることに私は驚いた。横で母キャロルが「理学療法を専攻したお兄ちゃんの進路選択に影響を受けたのよね」と笑った。

このやりとりを聞いていたジョーがぼやいた。「医療、医療って、いつまで学校に通わされるかわかっているのか。卒業するときには10万ドル(1150万円)の借金を背負うんだぞ」。ジョーは、いま2つ目の大学に通っている長男の将来が心配でならない。

私が出会ったトランプ支持者とは、このように日本のどこにでもいるような、普通の家庭のお父さんや、職探しに悩む若者たちだった。

グローバル化と技術革新が明日の雇用にどんな影響を及ぼすのかなんて、わからない。高校の進路指導の先生もどうも自信なさそうだ。労働者の権利を守るはずの労働組合も弱体化し、組織率も下がるばかり。政党が労働者の権利保護を唱える声も小さくなっている。アメリカン・ドリームを信じるには現実が厳しすぎ、児童文学者アルジャーの立身出世の物語にもすっかり現実味がなくなった。

高度成長期や産業化の時代を特徴づけていた予測可能な生き方が困難になり、一人ひとりが国境を越えた競争と、より大きな不確実性にさらされ、不安を抱えて生きている。「トランプ王国」での取材を経て、私はそんな認識を持っている。

「アメリカを再び偉大にしよう」「かつてのように大きな夢を描こう」。有名人トランプが大声で発する単純で楽観的なメッセージは、そんな不安を抱え、ほかに頼れる存在が見当たらない人々に歓迎されたのだ。とても制御できそうに見えないグローバル化が、先進国に広がるポピュリズムの共通の背景にあるのではないだろうか。

悲観的な予測

先ほどの「象グラフ」を作ったミラノビッチは2016年の著書で、富裕国のミドルクラスへの経済的な締め付けはオートメーションとグローバル化によって引き起こされ、まだ終わっていないと説明した上で、次のように悲観的な将来像を示した。

「この締め付けは西側社会を2つのグループにさらに分断するだろう。頂点にいるとても成功した富裕層と、それ以外の、ロボットが代替できない人間労働の分野で富裕層にサービスを提供する仕事に就く、圧倒的多数の人間の集まりである」

「教育は将来起きることに大きな違いを生み出さないだろう。なぜなら、多くの富裕国で量的な教育(教育期間の長さ)は上限に迫っているし、提供されうる学校教育の質でもそうであるかもしれないからだ。さらにはサービス産業の労働者は、その仕事で必要とされるレベル以上の能力や学歴を既に持っているからだ」(Global Inequality: A New Approach for the Age of Globalization, 2016)

そうであれば、先進国の将来はどうなってしまうのか。

ミラノビッチは、さらに厳しい予測をしている。この2つのグループの人々の能力差は実は小さく、そうであればこそ、富裕層に入るには、その人の家庭環境と運がこれまで以上にカギを握ることになるというのだ。裕福で教育を受けた親に恵まれた子は、親が設定してくれた「高給のいい仕事に就く」という目標に向かって幼少期から良いスタートを切る、と。

脚光を浴びるエコノミストの予測に過ぎない。ここまで来ると私には妥当性の判断もつかないが、そんな子の人生が幸せかどうかは別問題だろう、と思ってしまう。

反省から何が生まれる？

２０１６年11月のトランプ当選後、１９９８年に出版された1冊の本が注目を集めた。その本の一節がツイートされて拡散したのだ。少し長いが拡散部分を引用したい。

労働組合の組合員たちと労働組合に加入していない未熟練労働者は、自国の政府が賃金の下落をくいとめようともせず、勤め口の海外流出をくいとめようともしていないことを遅かれ早かれ知るだろう。（略）ほぼ同時に、労働組合のメンバーと未熟練労働者は、郊外に住むホワイトカラー――彼ら自身も削減されることをひどく恐れている――が、他の人々の社会保障手当を支給するために課税されたくないと思っていることを知るだろう。

その時点で何かが壊れるだろう。郊外に住むことのできない有権者は、その制度が破綻したと判断し、投票すべき有力者――自分が選出されたら、独善的で狭量な官僚、狡猾な弁護士、高給取りの債券販売員、ポストモダニズムの教授などが支配することはもはやなくなると、郊外に住むことのできない有権者に進んで確信させようとする者――を捜し始めるだろう。（略）

起こりそうなこと、それはこの40年間に黒人アメリカ人、褐色アメリカ人、同性愛者が得た利益など帳消しになるだろうということである。女性に対する冗談めかした軽蔑の発言が再び流行するだろう。（略）教育を受けていないアメリカ人が自分の取るべき態度を大学の卒業生に指図されることに対して感じるあらゆる憤りは、はけ口を見いだすことになるだろう。（『アメリカ 未完のプロジェクト』（リチャード・ローティ著、小澤照彦訳、晃洋書房、2000年）から引用）

哲学者のローティ（故人、元スタンフォード大学教授）が残した文章だ。少し略された形で出回り、トランプ当選の予言として話題になった。訳文にある「有力者」の原文はストロングマン（strongman）で、脅迫や暴力で統治する指導者というニュアンスがある。選挙期間中はトランプに多用された。欧米ではロシアの大統領プーチンにもよく使われる言葉だ。

この著作で、ローティは、目の前の労働問題から目をそらしてきたとして、アメリカの左派知識人を痛烈に批判している。経済的な格差と不安に労働者が悩んでいるのに、彼らはNAFTAの是非や格差を語りたがらず、その仕事は「パット・ブキャナンのような品のない扇動政治家に任せてしまった」と指摘した。ブキャナンとは1992年の大統領選などで、トランプと同じ「アメリカ第一主義」をスローガンに掲げ、やはり自由貿易や不法移民への攻撃で一時的な人気を集めた政治家だ。

グローバル化についても、ローティは「世界経済は(略)どこの国の労働者とも共同体を作ることなど考えていない国際的上流階級によって、まもなく所有・支配されるだろう」「アメリカは(略)高等教育を受け、費用をかけて身なりを整えた25％の上流階級によって支配されるだろう」と懸念を表明。70年代にアメリカのミドルクラスの理想が行き詰まったというのに、民主党は「労働組合から遠ざかり、富の再配分を話題にしなくなり、「中道」と呼ばれる不毛の真空地帯に移ることにより生き延びてきた」と批判した。

その上でローティは仮に国家が時代遅れに見えても、依然として社会保障制度の運営を決めている存在だから、左派は「苦しみに耐えている現実の人々が住んでいる現実の国の法律を変える提案」や「市場経済の枠組みの中で一つ一つ改良していく仕事」に戻るべきだと、と訴えている。

先のツイートは、左派が雇用や賃金などの経済問題にきちんと取り組まないと、いずれ反動政治家が誕生するという警告だったのだ。

この警告の通りになった。引用部分の後半、少数派の権利獲得など40年分の歩みが後退するのは見たくない。このローティ再読のほかにも、アメリカでは様々な「反省」が始まっている。

2017年以降、これらの反省から新しい思想や試みが生まれるだろうか。ミラノビッチが予測したような社会にしないための試みが各地で始まるのだろうか。記者として、そのような動向にも注目し、きちんと伝えていきたい。

もちろんローティの警告は、アメリカに限った話ではない。日本のメディアが格差や貧困を報じるまでに、あまりに長い時間を要した。グローバル化する現代社会において、アメリカの異変は対岸の火事ではない。先進国における、ミドルクラスの行方、再分配のあり方などを当事者として考えていきたい。

エピローグ――大陸の真ん中の勝利

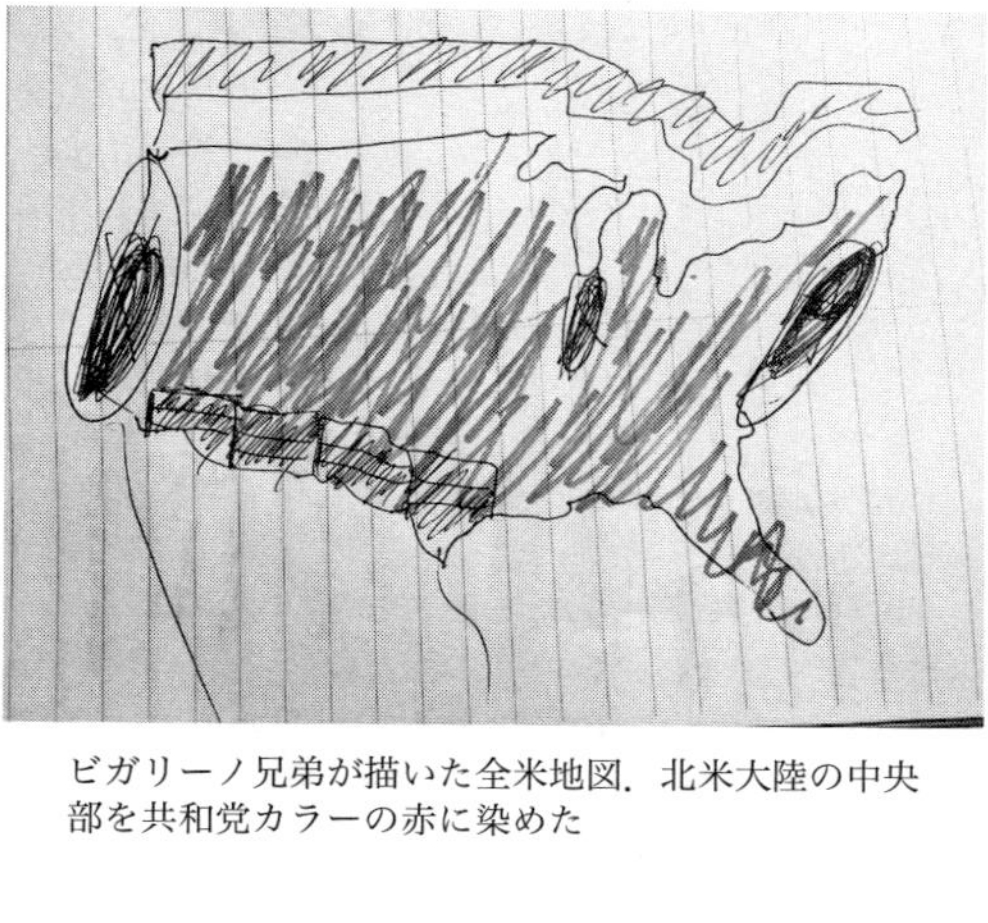

ビガリーノ兄弟が描いた全米地図．北米大陸の中央部を共和党カラーの赤に染めた

2016年11月9日未明。世界を驚かせる結果が出た。

「米大統領にトランプ氏」「既成政治批判　支持集める」（11月10日付の朝日新聞朝刊1面）

「権力へ怒り　異端の乱」「政治に疎外感　白人「破壊を」」（同2面）

私はトランプ勝利を伝える記事を同僚と徹夜で作り終え、首都ワシントンから再びオハイオ州ジラードに向かった。何度も通ったバーに行くと、いつもの面々がトランプ勝利に酔いしれていた。

ところが突然、店内がざわつき始めた。テレビに「反トランプ」のデモ行進の様子が映し出されている。酔っぱらったトランプ支持者たちが立ち上がり、テレビ画面に罵声を浴びせ始めた。

「家に帰れ、オマエたちは負けたんだ」

「勝ったのはトランプだ。オマエらは負け犬だ！」

テレビ画面が伝えるのは、多くの学生、若者たちの姿だ。これにもトランプ支持者たちが激しく反応する。

「働いてもいない、オマエら学生に何がわかる！」

「おかあちゃんの待つ家に帰れ！」

以前取材した溶接工のトマス・ビガリーノ（第3章参照）は顔を真っ赤にして言った。

「見ろ！　見ろ！　デモが起きているのはニューヨークだろ、フィラデルフィアだろ、ロサンゼルスだろ、みんな大都市ばかりだ」

トマスは私のノートに全米の地図を描き始めた。

「東海岸は政治家、大企業、銀行、マスコミで、西海岸はハリウッド俳優やシリコンバレー。どっちもリベラルの民主党支持者で、物価の高い街で夜ごとパーティーで遊んでいる。テレビが伝えるのは、エスタブリッシュメントのことばかりだ」

そう言いながら地図の両岸にバッテンを書き、民主党カラーの青で塗りつぶした。今度は、共和党カラーである赤のペンに持ち替え、地図の残りを真っ赤に染め上げた。

「大陸の真ん中が真のアメリカだ。鉄を作り、食糧を育て、石炭や天然ガスを掘る。両手を汚し、汗を流して働くのはオレたち労働者。もはやオレたちはかつてのようなミドルクラスではなくなり、貧困に転落する寸前だ。今回は、真ん中の勝利だ」

よく見ると、オバマ大統領の出身地、イリノイ州もきちんと青く塗ってある。同州では今回も民主党のクリントンが勝った。

トマスは深呼吸して続けた。

「大陸の真ん中に暮らすオレたちが本物のアメリカ人だ。エスタブリッシュメントは外国には旅行するくせに、ここには来ない。「つまらない」「何もないから行きたくない」と言う。真ん中の暮らしになんか興味なしってことだ。エスタブリッシュメントは、自分たちがオレたちより賢いと思っているが、現実を知らないのは、こいつらの方だ」

「テレビに映るカリフォルニア、ニューヨーク、ワシントンは、オレたちとは違う。あれは偽のアメリカだ。ルイ・ヴィトンのカバン？　サックス・フィフス・アベニュー（ニューヨークの高級百貨店）でお買い物？　そんなのアメリカじゃねえ。みんなが映画で見ているのはニューヨークやロサンゼルスばかり、オレたちのことなんて誰も見ない。ここが本物のアメリカだ、バカ野郎！」


すると、トマスの双子の兄フランク（42）が来て「この地図、ちょっと違うな」と言い、ノートに何やら描き加え始めた。メキシコ国境沿いの壁だ。

「トランプが美しい壁を造るんだ」

おわりに

過去1年間のトランプ支持者の取材者リストを見返してみる。

トラック運転手、喫茶店員、電気技師、元製鉄所作業員、道路作業員、溶接工、食肉加工場作業員、ホテル客室清掃員、元国境警備兵、トレーラーハウス管理人、看護師、建設作業員、元家電製造ラインの従業員、郵便配達人――。

集会やバーなどで声をかけて取材した支持者は、数えてみると14州で約150人になっていた。本書に登場するのは、地方で暮らす普通のアメリカ人ばかり。彼らとの会話を振り返ると、日々の暮らしのために必死に働いている人、働いてきた人が多いことに気付く。

記者の取材を受けるのは初めてと言う人ばかり。彼らから見れば、私は海外メディアに過ぎない。それでも「オレに意見を求めてくれるのか」「長く話を聞いてくれてありがとう」と喜んでくれた。しばらくして、わかった。自分の声など誰も聞いていない。自分の暮らしぶりに誰も関心がない。あきらめに近い思いを持っている人たちが多かった。

私は、トランプではなく、問題だらけのトランプを支持してしまう現代アメリカに興味があった。あんな変な候補を支持する人は何を考えているのか？　どんな暮らしぶりで、日本人の私にどんな話をするのか？　日本からトランプのニュースを見ている人もきっと首をかしげているに違いない。であれば特派員の仕事になるかもしれない、と考えた。

記者の取材には2つの手法があると思っている。効率も考えないといけない時はリサーチである程度の狙いを定めて現場に入る。ただし取材する前から「こんな記事を書こう」と考えるためどうしても想定内にとどまり、記事に意外性は出にくい。もう1つは、あまり予定を立てないで現場に入る手法だ。時間をかける。こちらの聞きたいことはほどほどにして相手のペースに任せる。何となく街を歩いてみる。すると想定外の話を聞けたり、出会いが広がったりする。本書には後者の手法で取材したものが多く詰まっている。

アメリカ大統領選に関する書籍は日本でもたくさん出ていると聞くが、本書の特徴は、日本人の記者がトランプ支持者らと1年にわたってとことんつきあった点にあると思う。

大統領選の取材が本格化した2015年9月、取材班で考えていることを共有することになり、私も同僚にメールで送った。いろいろ書いたが、最初の項目に次のように記した。

テーマ＝格差／ミドルクラス崩壊、アメリカン・ドリームはいまどうなっている？

趣旨＝日本でも広く読まれた『ワーキング・プア――アメリカの下層社会』や『ニッケル・

アンド・ダイムド――アメリカ下流社会の現実』の出版から10～15年。今月出版された注目書のタイトルは『$2.00 a Day: Living on Almost Nothing in America(1日2ドルで暮らす)』。これは世界で定義される「極度の貧困」に近いレベル。アメリカで広がるばかりの格差を描く。賃金格差の拡大のほか、特に階層間移動の停滞(機会格差)にも焦点を当てる。「出自は関係ない、機会と努力次第で億万長者にでも大統領にでもなれる」というアメリカを牽引してきたアメリカン・ドリームは今どうなっているのか? 導入はルポで。

このメールに書いたことを実践しようと、アメリカン・ドリームの行方を探った1年だった。結果的にトランプ支持者への取材を通して、このテーマに取り組んだ。取材開始後、「貧困」というよりも、まだまだ豊かさを残した「ミドルクラス」が多いことに気付き、軌道修正もした。彼らは、このままでは貧困に転落しそうだという危機感を抱いていた。

本書には、トランプの当選の決め手となった米中西部「ラストベルト」の声が多く盛り込まれている。「大統領選のカギを握るのはラストベルト」と考え、最初に現場入りしたのは2015年12月27日。冬休みの1週間でペンシルベニア州とオハイオ州を回り、長期取材の拠点を決めた。本書の主な舞台となったオハイオ州東部が気に入ったのは、結局は人との出会いが理由だ。多くが勤労者で、誠実で、思いやりのある人々だった。彼らとの出会いがなければ、本書もなかった。

取材していて気付いたのは、日本でも似た声を聞いていたということだった。２００３〜２００６年は偽装請負の被害に遭う非正規雇用の労働者を、07〜08年は長距離トラック運転手を、12〜13年は中年ひきこもりの親への取材に没頭した。暮らしぶりが一向に楽にならないこと、次世代の生きづらさを心配する人たちだった。

「学校」から「職場」へ。日本でこの移行が難しくなって20年以上が過ぎた。「昔は高校・大学を卒業すれば、すぐに仕事が見つかったのに……」というトランプ支持者の声は、そのまま日本で取材してきた人々の声と重なった。グローバル化と技術革新が同時に進む世界で、先進国に生きるミドルクラス。そう捉えた時、いろんなものが陸続きに見えるようになった。

多くの人にお世話になりました。海外メディアの私の取材に丁寧に応じて下さった一人ひとりに感謝します。「トランプ王国」の記事が最初に朝日新聞デジタル（ウェブ）に載ったのは２０１６年４月23日。試行錯誤の真っ最中でしたが、読者の皆さんからネット上で前向きな反応をもらえて大いに励みになりました。

大学の恩師、久保文明先生（当時慶應義塾大学、現東京大学）からはアメリカの魅力を学び続けています。卒業の16年後に大統領選の現場をご一緒できるとは想像もしていませんでした。ニューヨークで知り合った北海道大学の鈴木一人先生も貴重な助言を下さいました。同僚にも助けてもらいました。朝日新聞ニューヨーク支局の助手タマラ・エルワイリーさんがいなければ、国連と大統領選の取材の両立は不可能でした。あっちこっちへの出張を認めてくれた山脇岳志アメリカ総局長と真鍋弘樹ニューヨーク支局長、取材報告をおもしろがって聞いてくれた大統領選取材班の佐藤武嗣キャップら在米の同僚、東京で原稿を見てくれた国際報道部の土佐茂生デスクとデジタル編集部の有馬央記デスク。取材相手と同僚、上司に恵まれました。

また、岩波書店の島村典行さんは、的確な指導で本書の完成までを導いて下さいました。最後に、まったく帰郷できていない長男を見守ってくれる両親と妹、週末を「トランプ王国」取材に費やすことをゆるしてくれた妻にも感謝します。校閲や構成でも家族の支援を受けました。

このあとがきを書いている今も、世界はトランプ・ショックに大揺れです。トランプ大統領のアメリカは、どうなっていくのか。「トランプ王国」も含め、現場発の記事を届けられるように努めます。

2016年12月23日　ニューヨークの国連記者クラブにて

金成隆一

	クリントン	トランプ	その他／無回答
収　入			
5万ドル以下(36%)	53%	41%	6%
5万ドル以上(64%)	47%	48%	5%
国が直面している最も重要な事項			
外　交(13%)	60%	33%	7%
移　民(13%)	33%	64%	3%
経　済(52%)	52%	41%	7%
テ　ロ(18%)	40%	57%	3%
4年前と比べた経済状況			
今のほうが良い(31%)	72%	23%	5%
今のほうが悪い(27%)	19%	77%	4%
今と同水準だ(41%)	47%	45%	8%
国の進んでいる方向			
正しい方向に進んでいる(33%)	89%	7%	4%
道を誤っている(62%)	26%	68%	6%
次世代のアメリカ人の生活は			
今より良くなっている(37%)	59%	38%	3%
今より悪くなっている(33%)	31%	63%	6%
今と同水準だ(25%)	54%	38%	8%
居住している地域			
都市部(34%)	60%	34%	6%
郊　外(49%)	45%	49%	6%
地　方(17%)	34%	61%	5%

〔付録〕CNN 出口調査の結果(抄録)

(回答数 24,558 名)

	クリントン	トランプ	その他/無回答
性　別			
男(47%)	41%	52%	7%
女(53%)	54%	41%	5%
年　齢			
18–29 歳(19%)	55%	36%	9%
30–44 歳(25%)	51%	41%	8%
45–64 歳(40%)	44%	52%	4%
65 歳以上(16%)	45%	52%	3%
人　種			
白　人(71%)	37%	57%	6%
非白人(29%)	74%	21%	5%
学　歴			
高校卒業もしくはそれ以下(18%)	46%	51%	3%
大学中退(32%)	43%	51%	6%
大学卒業(32%)	49%	44%	7%
大学院(18%)	58%	37%	5%
白人の学歴男女別			
白人女性で大卒(20%)	51%	44%	5%
白人女性で学位無し(17%)	34%	61%	5%
白人男性で大卒(17%)	39%	53%	8%
白人男性で学位無し(16%)	23%	71%	6%
非白人(29%)	74%	21%	5%

金成隆一

1976年生まれ．

慶應義塾大学法学部政治学科卒，2000年，朝日新聞社入社．大阪社会部，米ハーバード大学日米関係プログラム研究員，国際報道部などを経て，ニューヨーク特派員．教育担当時代に「「教育のオープン化」をめぐる一連の報道」で第21回坂田記念ジャーナリズム賞（国際交流・貢献報道）受賞．

著書—『ルポ MOOC革命 無料オンライン授業の衝撃』（岩波書店），『今，地方で何が起こっているのか』（共著，公人の友社）

ルポ トランプ王国
——もう一つのアメリカを行く　　岩波新書（新赤版）1644

2017年2月3日　第1刷発行
2019年9月13日　第7刷発行

著　者　金成《かなり》 隆一《りゅういち》

発行者　岡本　厚

発行所　株式会社 岩波書店
〒101-8002 東京都千代田区一ツ橋2-5-5
案内 03-5210-4000　営業部 03-5210-4111
https://www.iwanami.co.jp/

新書編集部 03-5210-4054
http://www.iwanamishinsho.com/

印刷・理想社　カバー・半七印刷　製本・中永製本

ISBN 978-4-00-431644-2　　Printed in Japan

岩波新書新赤版一〇〇〇点に際して

ひとつの時代が終わったと言われて久しい。だが、その先にいかなる時代を展望するのか、私たちはその輪郭すら描きえていない。二〇世紀から持ち越した課題の多くは、未だ解決の緒を見つけることのできないままであり、二一世紀が新たに招きよせた問題も少なくない。グローバル資本主義の浸透、憎悪の連鎖、暴力の応酬――世界は混沌として深い不安の只中にある。

現代社会においては変化が常態となり、速さと新しさに絶対的な価値が与えられた。消費社会の深化と情報技術の革命は、種々の境界を無くし、人々の生活やコミュニケーションの様式を根底から変容させてきた。ライフスタイルは多様化し、一面では個人の生き方をそれぞれが選びとる時代が始まっている。同時に、新たな格差が生まれ、様々な次元での亀裂や分断が深まっている。社会や歴史に対する意識が揺らぎ、普遍的な理念に対する根本的な懐疑や、現実を変えることへの無力感がひそかに根を張りつつある。そして生きることに誰もが困難を覚える時代が到来している。

しかし、日常生活のそれぞれの場で、自由と民主主義を獲得し実践することを通じて、私たち自身がそうした閉塞を乗り超え、希望の時代の幕開けを告げてゆくことは不可能ではあるまい。そのために、いま求められていること――それは、個と個の間で開かれた対話を積み重ねながら、人間らしく生きることの条件について一人ひとりが粘り強く思考することではないか。その営みの糧となるものが、教養に外ならないと私たちは考える。歴史とは何か、よく生きるとはいかなることか、世界そして人間はどこへ向かうべきなのか――こうした根源的な問いとの格闘が、文化と知の厚みを作り出し、個人と社会を支える基盤としての教養となった。まさにそのような教養への道案内こそ、岩波新書が創刊以来、追求してきたことである。

岩波新書は、日中戦争下の一九三八年一一月に赤版として創刊された。創刊の辞は、道義の精神に則らない日本の行動を憂慮し、批判的精神と良心的行動の欠如を戒めつつ、現代人の現代的教養を刊行の目的とする、と謳っている。以後、青版、黄版、新赤版と装いを改めながら、合計二五〇〇点余りを世に問うてきた。そして、いままた新赤版が一〇〇〇点を迎えたのを機に、人間の理性と良心への信頼を再確認し、それに裏打ちされた文化を培っていく決意を込めて、新しい装丁のもとに再出発したいと思う。一冊一冊から吹き出す新風が一人でも多くの読者の許に届くこと、そして希望ある時代への想像力を豊かにかき立てることを切に願う。

（二〇〇六年四月）

岩波新書より

現代世界

トランプのアメリカに住む　吉見俊哉
ライシテから読む現代フランス　伊達聖伸
ベルルスコーニの時代　村上信一郎
イスラーム主義　末近浩太
ルポ 不法移民 アメリカ国境を越えた男たち　田中研之輔
習近平の中国 百年の夢と現実　林望
日中漂流　毛里和子
中国のフロンティア　川島真
シリア情勢　青山弘之
ルポ トランプ王国　金成隆一
ルポ 難民追跡 バルカンルートを行く　坂口裕彦
アメリカ政治の壁　渡辺将人
プーチンとG8の終焉　佐藤親賢
香港 中国と向き合う自由都市　倉田徹／張イクマン
〈文化〉を捉え直す　渡辺靖

イスラーム圏で働く　桜井啓子編
中南海 知られざる中国の中枢　稲垣清
フォト・ドキュメンタリー 人間の尊厳　林典子
㈱貧困大国アメリカ　堤未果
女たちの韓流　山下英愛
新・現代アフリカ入門　勝俣誠
中国の市民社会　李妍焱
勝てないアメリカ　大治朋子
ブラジル 跳躍の軌跡　堀坂浩太郎
非アメリカを生きる　室謙二
ネット大国中国　遠藤誉
中国は、いま　国分良成編
ジプシーを訪ねて　関口義人
中国エネルギー事情　郭四志
アメリカン・デモクラシーの逆説　渡辺靖
ユーラシア胎動　堀江則雄
オバマ演説集　三浦俊章編訳
ルポ 貧困大国アメリカⅡ　堤未果

オバマは何を変えるか　砂田一郎
イスラエル　臼杵陽
ネイティブ・アメリカン　鎌田遵
アフリカ・レポート　松本仁一
ヴェトナム新時代　坪井善明
イラクは食べる　酒井啓子
ルポ 貧困大国アメリカ　堤未果
エビと日本人Ⅱ　村井吉敬
北朝鮮は、いま　北朝鮮研究学会編／石坂浩一監訳
欧州連合 統治の論理とゆくえ　庄司克宏
バチカン　郷富佐子
国際連合 軌跡と展望　明石康
アメリカよ、美しく年をとれ　猿谷要
日中関係 戦後から新時代へ　毛里和子
いま平和とは　最上敏樹
「民族浄化」を裁く　多谷千香子
サウジアラビア　保坂修司
中国激流 13億のゆくえ　興梠一郎

政治

日米安保体制史　吉次公介
官僚たちのアベノミクス　軽部謙介
在日米軍 変貌する日米安保体制　梅林宏道
憲法改正とは何だろうか　高見勝利
共生保障〈支え合い〉の戦略　宮本太郎
シルバー・デモクラシー 戦後世代の覚悟と責任　寺島実郎
憲法と政治　青井未帆
18歳からの民主主義　岩波新書編集部編
検証 安倍イズム　柿崎明二
右傾化する日本政治　中野晃一
外交ドキュメント 歴史認識　服部龍二
日米〈核〉同盟 原爆、核の傘、フクシマ　太田昌克
集団的自衛権と安全保障　豊下楢彦 古関彰一
日本は戦争をするのか　半田滋
アジア力の世紀　進藤榮一

民族紛争　月村太郎
自治体のエネルギー戦略　大野輝之
政治的思考　杉田敦
現代日本の政党デモクラシー　中北浩爾
サイバー時代の戦争　谷口長世
現代中国の政治　唐亮
日本の国会　大山礼子
戦後政治史〔第三版〕　石川真澄 山口二郎
〈私〉時代のデモクラシー　宇野重規
大臣〔増補版〕　菅直人
生活保障 排除しない社会へ　宮本太郎
「ふるさと」の発想　西川一誠
「戦地」派遣 変わる自衛隊　半田滋
民族とネイション　塩川伸明
昭和天皇　原武史
集団的自衛権とは何か　豊下楢彦
沖縄密約　西山太吉
ルポ 改憲潮流　斎藤貴男

吉田茂　原彬久
安心のファシズム　斎藤貴男
市民の政治学　篠原一
東京都政　佐々木信夫
有事法制批判　憲法再生フォーラム編
日本政治 再生の条件　山口二郎編著
安保条約の成立　豊下楢彦
岸信介　原彬久
自由主義の再検討　藤原保信
一九六〇年五月一九日　日高六郎編
日本の政治風土　篠原一
近代の政治思想　福田歓一
日本精神と平和国家　矢内原忠雄

岩波新書より

法律

治安維持法と共謀罪　内田博文
裁判の非情と人情　原田國男
独占禁止法〔新版〕　村上政博
密着 最高裁のしごと　川名壮志
「法の支配」とは何か　行政法入門　大浜啓吉
会社法入門〔新版〕　神田秀樹
憲法への招待〔新版〕　渋谷秀樹
比較のなかの改憲論　辻村みよ子
大災害と法　津久井進
変革期の地方自治法　兼子仁
原発訴訟　海渡雄一
労働法入門　水町勇一郎
人が人を裁くということ　小坂井敏晶
知的財産法入門　小泉直樹
消費者の権利〔新版〕　正田彬
司法官僚　裁判所の権力者たち　新藤宗幸
名誉毀損　山田隆司

刑法入門　山口厚
家族と法　二宮周平
憲法とは何か　長谷部恭男
良心の自由と子どもたち　西原博史
著作権の考え方　岡本薫
有事法制批判　憲法再生フォーラム編
法とは何か〔新版〕　渡辺洋三
民法のすすめ　星野英一
日本社会と法　渡辺洋三・甲斐道太郎・広渡清吾・小森田秋夫編
日本の憲法〔第三版〕　長谷川正安
憲法と天皇制　横田耕一
自由と国家　樋口陽一
憲法第九条　小林直樹
納税者の権利　北野弘久
小繋事件　戒能通孝
日本人の法意識　川島武宜

カラー版

カラー版 国芳　岩切友里子
カラー版 知床・北方四島　大泰司紀之・本間浩昭
カラー版 西洋陶磁入門　大平雅巳
カラー版 すばる望遠鏡の宇宙　海部宣男・宮下曉彦写真
カラー版 ベトナム 戦争と平和　石川文洋
カラー版 難民キャンプの子どもたち　田沼武能
カラー版 メッカ　野町和嘉
カラー版 シベリア動物誌　福田俊司
カラー版 ハッブル望遠鏡が見た宇宙　野本陽代・R・ウィリアムズ
カラー版 妖怪画談　水木しげる

岩波新書より

経済

日本の税金〔第3版〕　三木義一
金融政策に未来はあるか　岩村充
経済数学入門の入門　田中久稔
地元経済を創りなおす　枝廣淳子
会計学の誕生　渡邉泉
偽りの経済政策　服部茂幸
ミクロ経済学入門の入門　坂井豊貴
経済学のすすめ　佐和隆光
ガルブレイス　伊東光晴
ユーロ危機とギリシャ反乱　田中素香
ポスト資本主義 科学・人間・社会の未来　広井良典
タックス・イーター　志賀櫻
コーポレート・ガバナンス　花崎正晴
グローバル経済史入門　杉山伸也
新・世界経済入門　西川潤
金融政策入門　湯本雅士
日本経済図説〔第四版〕　宮崎勇・本庄真・田谷禎三
新自由主義の帰結　服部茂幸
タックス・ヘイブン　志賀櫻
WTO 貿易自由化を超えて　中川淳司
日本財政 転換の指針　井手英策
日本の税金〔新版〕　三木義一
世界経済図説〔第三版〕　宮崎勇・田谷禎三
成熟社会の経済学　小野善康
平成不況の本質　大瀧雅之
原発のコスト　大島堅一
次世代インターネットの経済学　依田高典
ユーロ 危機の中の統一通貨　田中素香
低炭素経済への道　諸富徹・浅岡美恵
「分かち合い」の経済学　神野直彦
グリーン資本主義　佐和隆光
消費税をどうするか　小此木潔
国際金融入門〔新版〕　岩田規久男
金融商品とどうつき合うか　新保恵志
金融NPO　藤井良広
地域再生の条件　本間義人
経済データの読み方〔新版〕　鈴木正俊
格差社会 何が問題なのか　橘木俊詔
景気とは何だろうか　山家悠紀夫
環境再生と日本経済　三橋規宏
社会的共通資本　宇沢弘文
景気と国際金融　小野善康
経営革命の構造　米倉誠一郎
ブランド 価値の創造　石井淳蔵
景気と経済政策　小野善康
戦後の日本経済　橋本寿朗
共生の大地 新しい経済がはじまる　内橋克人
シュンペーター　伊東光晴・根井雅弘
経済学の考え方　宇沢弘文
経済学とは何だろうか　佐和隆光
イギリスと日本　森嶋通夫
近代経済学の再検討　宇沢弘文